MARCIO KRAUSS
PENSO, *LOGO* INSISTO

Planeta

Copyright © Marcio Krauss, 2023
Copyright © Editora Planeta do Brasil, 2023
Todos os direitos reservados.

Edição de texto: CMP Edições
Preparação: Marina Taki Okamura
Revisão: Gleice Couto e Caroline Silva
Diagramação: Negrito Produção Editorial
Ilustração e composição de capa: Dark Stream

A citação bíblica da página 53 foi retirada da versão Nova Almeida Atualizada. (NAA © 2017 Sociedade Bíblica do Brasil. Todos os direitos reservados.)

DADOS INTERNACIONAIS DE CATALOGAÇÃO NA PUBLICAÇÃO (CIP)
ANGÉLICA ILACQUA CRB-8/7057

Krauss, Marcio
    Penso, logo insisto / Marcio Krauss. – São Paulo: Planeta do Brasil, 2023.
    272 p.

    ISBN 978-85-422-2324-8

    1. Filosofia I. Título

23-3895   CDD 100

Índice para catálogo sistemático:
1. Filosofia

Ao escolher este livro, você está apoiando o manejo responsável das florestas do mundo

2023
Todos os direitos desta edição reservados à
Editora Planeta do Brasil Ltda.
Rua Bela Cintra, 986, 4º andar – Consolação
São Paulo – SP – 01415-002
www.planetadelivros.com.br
atendimento@editoraplaneta.com.br

Para minha mãe MAIZA, *que com seu amor incondicional sempre me guiou pelos caminhos do conhecimento.*

A você, vovó AMÉLIA, *fonte de sabedoria e exemplo de perseverança, dedicamos esta obra em honra aos seus maravilhosos 100 anos de vida.*

Vocês são as inspirações que iluminam minha jornada.

Com carinho, MARCIO KRAUSS.

SUMÁRIO

9 *Prefácio*
13 *Apresentação*

19 Heráclito de Éfeso
24 Sócrates
29 Platão
33 Aristóteles
38 Diógenes
43 Sêneca
48 Santo Agostinho
55 Nicolau Maquiavel
61 Baruch Espinosa
66 René Descartes
71 Immanuel Kant
76 Arthur Schopenhauer
82 Friedrich Nietzsche
90 Franz Kafka
95 Albert Camus
100 Jean-Paul Sartre
105 Soren Kierkegaard
112 Karl Marx
117 Sigmund Freud
122 Carl Sagan
128 Erving Goffman
133 Pierre Bourdieu
138 Zygmunt Bauman

- 144   Chico Buarque
- 148   Albert Einstein
- 152   Jürgen Habermas
- 157   Byung-Chul Han
- 162   Freddie Mercury
- 165   Billie Eilish
- 170   Malala Yousafzai
- 174   BoJack Horseman
- 177   Keanu Reeves
- 183   Bob Marley
- 186   Charles Bukowski
- 190   Sun Tzu
- 194   Lao-Tsé
- 198   Obi-Wan Kenobi
- 202   Snoop Dogg
- 206   Tony Stark
- 209   Clarice Lispector
- 212   Angela Davis
- 216   Gonzaguinha
- 219   Ariano Suassuna
- 223   Carolina Maria de Jesus
- 226   Doutor Manhattan
- 229   Ozzy Osbourne
- 233   Renato Russo
- 237   Tupac Shakur
- 241   Tyler Durden
- 244   Zendaya
- 248   Maisa
- 253   Mano Brown
- 257   Malcolm X
- 262   Slavoj Žižek

- 269   *Posfácio*

PREFÁCIO

Num dia qualquer de 2022, eu tinha uma palestra num grande evento, no Rio de Janeiro. Eu e duas amigas almoçamos bem perto do lugar, para que não houvesse risco de atrasos. O táxi errou o caminho de volta e, por duas vezes, caiu num engarrafamento medonho. Eu me atrasaria, infelizmente. Tomamos uma decisão radical: saímos do táxi e fomos correndo, a pé, sol carioca a pino macerando a pressa, pra ver se dava. E deu, mas daquele jeito. Cheguei exatamente na hora – esbaforido, um pouco envergonhado, suado e, portanto, com um sorriso amarelo que também era de alívio. Você que me lê agora vai rir: o tema daquela palestra era burnout e a aceleração da vida. É óbvio que fiz piada com isso quando comecei a minha fala. No palco, a pessoa que estava fazendo a mediação da minha fala sorria de pura empatia. Cheguei, dei um abraço nele e agradeci pelo acolhimento que imediatamente me devolveu ao melhor dos lugares de conforto. Durante a próxima hora e meia, estivemos ali debatendo, felizes, irmanados num mesmo tom de debate, no melhor espírito filosófico. Imediatamente eu disse a ele: "Cara, quero ser seu amigo de infância". E foi assim, entre a correria e a conversa boa, que Marcio Krauss e eu tivemos o primeiro de inúmeros bons encontros nesta vida.

Marcio é dessas pessoas que ensinam sorrindo. Isso é muito importante de você saber, porque eu acredito na potência do sorriso na construção do conhecimento. Quem é professor e sorri está fazendo algo ainda maior. A boca aberta não só diz palavras, mas também se realiza em transmitir a alegria que vem com o saber. Porque a escola, o saber, a filosofia e qualquer busca por conhecimento não deveriam ser soturnos. O sorriso começa na criança sedenta por entender por que a pedra é lisa e a formiga que nela sobe tem uma folha em cima de sua cabeça. Marcio continua sendo essa criança curiosa e que chega para o amigo do lado e diz: "Repare bem aqui, ó, a formiga, a pedra, a folha...". Eu sei do que estou falando. Em todas as nossas conversas, ele me convida para acompanhar seu raciocínio que volta e meia surpreende e me tira da lógica mais tradicional. Quando eu imagino que ele está indo numa direção, lá vem ele e zás, chega com um duplo *twist* carpado e envolve o papo em outro tipo de manto.

Por isso, convido você a imaginar o Marcio falando com você, sorrindo como ele gosta, ao longo das páginas que se seguem. Este livro pode inclusive vir a lhe servir como uma espécie de consulta frequente, para você ter em mãos as ideias de pessoas que fizeram e continuam fazendo história na arte de pensar a existência humana. Marcio faz muito mais do que traduzir conceitos abstratos e complexos da filosofia para leitores desejosos de compreendê-los bem. Isso é o que um bom professor faz, e capacidade ele tem de sobra. O que é mais notório neste seu primeiro livro é que ele transforma cada ideia fundamental do autor em perguntas úteis para a vida de quem o lê. Trazendo para perto da sua experiência de vida, você pode perceber melhor como aquelas ideias fomentam, e muito, a ampliação da consciência que sempre nos deixa mais abertos para levar melhor os dias.

E como se isso não fosse suficiente, o livro traz figuras emblemáticas da cultura pop, consideradas igualmente potentes para deixar mensagens para o humano. Ao lê-lo, fiquei imaginando um diálogo socrático entre o grande mestre, Obi-Wan Kenobi, Toni Stark, Malala e Zygmunt Bauman. Aqui, não há lugar para absurdos conservadores. As páginas que você tem em mãos tomam o contemporâneo e o clássico pelas mesmas mãos, fazendo rodopiar as lógicas excêntricas adormecidas da sua forma de entender a existência. É como se Marcio

Krauss escrevesse um livro somente para responder a Caetano Veloso, em sua brilhante "Cajuína": "Existirmos, a que será que se destina?". Não só responde ao mestre, nordestino como ele, como nos toma para dançar, sorridente, entoando filosofias como quem baila a melhor dança das palavras.

ALEXANDRE COIMBRA AMARAL
Psicólogo, escritor, podcaster e amigo de Marcio Krauss

APRESENTAÇÃO

Penso, logo insisto é um livro baseado em fatos reais. Seja das vivências que tive, seja de grandes dilemas que pessoas próximas tiveram que enfrentar. Em todo caso, é válido questionar: por que pensar? Por que insistir? Bem, não são poucas as situações adversas, frustrações, desafios e decepções que testam nossa perseverança e resiliência. O ponto é que somos capazes de compreender tais experiências, muito embora num primeiro momento isso seja bastante difícil. Mas, com o tempo, a tal racionalidade, junto com a passagem da tempestade, favorece nosso entendimento. É daí que lições são tiradas e a maturidade tende a aparecer.

Logo, a capacidade de pensar nos dá totais condições de seguir em frente. Entretanto, preciso deixar bem claro que nem tudo vale a nossa insistência. A palavra "insisto" que aparece no título não se refere a qualquer coisa ou pessoa. Nossa insistência deve estar direcionada à valorização da vida e, com ela, a todas as novas possibilidades que se apresentam.

Você vai perceber que o livro está recheado de dramas pessoais, com os quais qualquer um já teve ou terá que lidar em algum momento. Além dos tais dramas, apresento a filosofia como a principal fonte de inspiração para a nossa insistência. Filosofia essa que é muito bem representada por grandes nomes de sua história, mas que não se limita aos filósofos de ofício.

Agora, imagine ter que encarar uma supercrise existencial ou de repente se encontrar numa bad terrível e poder sentar numa calçada, num café, num bar ou, quem sabe, fazer uma chamada de vídeo para desabafar e ouvir algumas sábias palavras de um filósofo ou uma grande personalidade. Aqui eu apresento uma abordagem diferente e pouco convencional da filosofia: personificar grandes pensadores, contemporâneos ou não, para trazê-los à vida e fornecer a você conselhos e reflexões.

O meu propósito ao personificar esses pensadores é aproximar o leitor do universo da filosofia, mostrando que importantes nomes da ciência, da arte e da própria filosofia foram desafiados pelos mesmos problemas com os quais temos que lidar atualmente.

Cada capítulo é narrado por um filósofo ou filósofa, não necessariamente de profissão, que apresenta sua perspectiva de um grande dilema da vida. Para ajudar o leitor a se conectar com essa personalidade, escrevi breves parágrafos no início de cada capítulo. Mas é importante ressaltar que o leitor pode imaginar o encontro com a personalidade em qualquer lugar que desejar, seja num café aconchegante, seja num parque ensolarado. Após essa introdução, será a voz do filósofo ou da filósofa que aparecerá para apresentar valiosos conselhos para lidar com o dilema em questão, o que pode ajudar o leitor a desenvolver uma compreensão mais profunda das grandes questões da vida. Então, ao encontrar uma xícara de café, respire fundo e busque discutir as vicissitudes da vida com os pensadores e as pensadoras da filosofia.

Spoiler! Ao longo das páginas deste livro, você encontrará Platão, Nietzsche, Zendaya, Bob Marley, Keanu Reeves e muitas outras figuras memoráveis. Cada capítulo trará um desses ícones, e eu serei a já mencionada personificação ou intérprete das suas ideias, crenças e visões de mundo.

Acredito que a filosofia deve ser acessível a todos e, ao incorporar esses grandes pensadores, posso torná-la mais compreensível e relevante. Afinal, a filosofia trata de questões urgentes do cotidiano, como a busca pelo significado da vida, a felicidade, o amor e a liberdade.

Aqui, você encontrará muito mais do que meras palavras. Cada capítulo, cada reflexão, cada citação, tudo foi cuidadosamente selecionado para inspirar novas ideias e discussões em sua mente. Você será transportado a um mundo de sabedoria e conhecimento, onde poderá se conectar com personalidades ilustres que dedicaram suas vidas ao estudo das grandes questões da vida. Essa experiência de se aprofundar nas questões filosóficas que os grandes pensadores discutiram ao longo da História pode ajudá-lo a desenvolver uma compreensão mais profunda e significativa sobre a vida e seus mistérios.

Assim, com base naquilo que li, estudei, ouvi e aprendi, procurei construir um conjunto de lições que poderiam ter sido dadas por cada uma das personalidades. Por sinal, as palavras e orientações que os personagens oferecem reproduzem a forma como eles, em algum momento, acabaram me ajudando. Seja com uma frase, um conceito, uma ideia ou uma canção.

Nesse sentido, é como se eu tivesse dado a cada pensador ou pensadora uma espécie de eu-lírico. O que significa que você vai ler as interpretações que fiz a partir do contato que tive com eles. E é aí que te desafio a fazer o mesmo: refletir e elaborar a sua própria compreensão.

Para ilustrar o modo peculiar como cada personalidade enxerga o mundo e a vida, selecionei algumas frases e citações marcantes, pelo menos para mim.

Ao longo da minha carreira como professor, sempre busquei aproximar a ciência e a filosofia dos meus alunos, tornando-as mais acessíveis e compreensíveis. Acredito que muitas vezes o abismo entre essas disciplinas e as pessoas comuns é criado por uma linguagem complexa e conceitos abstratos que parecem inatingíveis. No entanto, essa visão não poderia estar mais longe da verdade.

Eu sempre procurei explicar os conceitos, as teorias e as ideias filosóficas de forma simples e direta, relacionando-os com a realidade dos meus alunos. Ao fazê-lo, tive a oportunidade de ver muitos deles se identificando com as questões tratadas em suas próprias vidas.

Em aulas sobre dor de cotovelo e amor platônico, por exemplo, pude apresentar conceitos importantes da psicologia e da filosofia do amor, que ajudaram os alunos a entender melhor suas próprias experiências amorosas. Nas discussões sobre a importância da participação popular para o fortalecimento da democracia, eles perceberam o quanto podem contribuir para a construção de uma sociedade mais justa e igualitária.

Ao abordar a visão maquiavélica das relações humanas, pude explicar como a ética e a política estão intrinsecamente relacionadas, e como a busca pelo poder pode afetar as relações pessoais e sociais. E nas reflexões sobre a metáfora da liquidez, sempre foi legal ver todos conscientes de que a filosofia pode ajudar a compreender o mundo complexo e volátil em que vivemos.

Essas são apenas algumas das muitas experiências que tive em sala de aula, mostrando que a ciência e a filosofia não precisam ser inacessíveis e complexas. Ao contrário, podem ser fascinantes, relevantes e aplicáveis em nossas próprias vidas. Como professor, sinto-me feliz em ajudar meus alunos a entenderem melhor o mundo em que vivemos e a desenvolverem habilidades críticas e reflexivas.

Preciso dizer que os escritos em questão não foram elaborados dentro de uma proposta ou pretensão academicista. Não que a academia seja um problema, muito pelo contrário. A questão não é essa. A real é que alguns autores, como Zygmunt Bauman, me influenciaram a querer construir pontes entre o público em geral, as produções acadêmicas e os grandes clássicos. Uma das minhas expectativas é que você, querido leitor, sinta-se motivado a conhecer as obras e os trabalhos de cada uma das mentes brilhantes presentes aqui.

Experiência própria. Não foram poucas as circunstâncias, especialmente adversas, em que fui "aconselhado" por um autor de um livro que acabara de ler ou de uma música repleta de versos inspiradores. Chega a ser meio assustador o quanto certas reflexões são poderosas e atemporais, principalmente por ampliarem a visão de seus apreciadores.

Em virtude disso, posso afirmar com tranquilidade que cada parágrafo deste livro já vinha sendo escrito há muito tempo. Todas as leituras, aulas, terapias e boas conversas com pessoas incríveis me ajudaram a construir o que apresento aqui. Posso destacar inclusive os papos de altíssimo nível que tive com o meu grande amigo Alexandre Coimbra Amaral, um psicólogo fora de série que também é um dos meus principais incentivadores, e as melhores reuniões virtuais com Felipe Brandão e Malu Poleti, pessoas fundamentais para que o sonho deste livro pudesse se tornar realidade.

Espero que você esteja preparado para esta jornada filosófica repleta de ideias inspiradoras. Suspeito que a leitura vai proporcionar bons insights e conteúdos para estimular seu autoconhecimento.

Boa leitura!

HERÁCLITO DE ÉFESO

Heráclito de Éfeso foi um filósofo do período pré-socrático que viveu no século V a.C. na Grécia Antiga. Sua filosofia, conhecida como "a doutrina do devir", destacava a impermanência e a mudança constante do mundo, afirmando que "não se pode entrar duas vezes no mesmo rio", já que tudo está em constante transformação.

Heráclito foi um pensador solitário e pouco compreendido em sua época, o que o levou a se afastar da sociedade e a viver como eremita. Sua obra, que sobreviveu em fragmentos, é considerada uma das mais enigmáticas e profundas da filosofia ocidental.

Uma das curiosidades interessantes sobre Heráclito é que ele era conhecido como "o Obscuro", por expressar ideias de forma poética e enigmática, muitas vezes utilizando paradoxos e alegorias. Suas frases curtas e poéticas deixavam muitas vezes suas ideias abertas a diferentes interpretações, o que fazia com que alguns o considerassem um pensador difícil de compreender.

Além disso, o próprio Heráclito enfatizava a importância do mistério e do enigma em sua filosofia. Para ele, a verdadeira sabedoria era inatingível para aqueles que se contentavam com a compreensão superficial das coisas, e somente aqueles que se esforçavam para decifrar os enigmas da natureza poderiam chegar a uma compreensão mais profunda da realidade.

Ele também era famoso por suas parábolas e aforismos, como "o caminho para cima e o caminho para baixo são um e o mesmo", influenciando muitos pensadores posteriores, incluindo os filósofos platônicos, aristotélicos e estoicos. Seu pensamento também teve um impacto significativo na filosofia helenística e no desenvolvimento da dialética, que é a arte de discutir e chegar a verdades por meio de argumentos.

Não é por acaso que ele é considerado o "pai da dialética": é justamente por causa de sua abordagem única de argumentação e discussão. Ele acreditava que as verdades filosóficas podem ser alcançadas através da contraposição de opiniões opostas e da reconciliação de ideias aparentemente contraditórias.

Essa ideia é conhecida como o princípio do logos, que para Heráclito significa a razão divina que governa o universo e que é a fonte de toda a verdade. Para ele, o logos está presente em todas as coisas e é responsável por manter o equilíbrio entre opostos, como o dia e a noite, o bem e o mal, o amor e o ódio, entre outros.

Um exemplo para entender essa ideia é pensar na dualidade entre a vida e a morte. Para Heráclito, a vida e a morte são opostos que estão sempre em contraposição, mas que, na verdade, são partes integrantes de um mesmo processo. A vida não existe sem a morte, e vice-versa. Então, a reconciliação dessas duas ideias aparentemente contraditórias é necessária para alcançar uma compreensão mais profunda da realidade.

Outro exemplo é a dualidade entre o fogo e a água, que para Heráclito são opostos que se equilibram e se complementam. O fogo representa o elemento da transformação e da mudança constante, enquanto a água representa a estabilidade e a permanência. Para Heráclito, esses opostos não são apenas complementares, mas também se transformam constantemente um no outro. Essa abordagem tornou-se muito conhecida e é amplamente utilizada na filosofia, na política e em outras áreas.

QUAL A MELHOR MANEIRA DE LIDAR COM AS MUDANÇAS?

Observe o mundo ao seu redor, contemple a natureza. Procure compreender que absolutamente tudo está inserido num grande fluxo. Sim! Tudo flui. Até porque uma coisa só existe em função de seu oposto. Só conseguimos compreender o que é frio em virtude do calor, as trevas por causa da luz, a morte enquanto negação da vida.

Por sinal, essa luta dos contrários faz com que todas as coisas deixem de ser o que eram antes. Assim, temos ser e não ser numa guerra eterna, que coloca todo o universo em movimento. Costumo dizer que não podemos nos banhar duas vezes no mesmo rio, porque as águas se renovam a cada instante.

Mas não se engane. É justamente a oposição que promove a concórdia. A discórdia revela a mais perfeita harmonia. Com um pouco de sensibilidade você vai acabar notando que o caminho para cima e o caminho para baixo, na verdade, são um único caminho.

Agora me acompanhe, preciso te mostrar uma coisa. Vamos caminhar até uma pequena clareira. Aproveite para sentir o fluxo do universo manifesto em todas as coisas. Antes do nosso encontro, eu estava preparando algo muito importante. Mais alguns passos e você poderá desvendar esse pequeno mistério.

Chegamos! Não subestime os galhos de madeira empilhados. Eles não estão diante de nós em vão. Afaste-se um pouco. Preciso fazer um pequeno truque permitido pela natureza. Atenção! Espere! Agora sim: eis que finalmente temos fogo. Entretanto, são apenas chamas que vislumbramos aqui?

O fogo está continuamente em movimento. E tudo aquilo que entra em contato com ele não permanece como era antes. O fluxo reina. E não falo apenas do mundo que nos cerca, mas de nós mesmos, que nunca seremos os mesmos, nem quando a morte decidir chegar, pois a matéria que forma o corpo continua presente, fluindo, como parte do ciclo da vida.

"Ninguém se banha duas vezes no mesmo rio, porque tanto a água quanto o homem mudam incessantemente."

E o que tudo isso tem a ver com o seu questionamento?

Não sei se você se deu conta, mas a única coisa permanente é a mudança. Nada, absolutamente nada pode continuar como era antes. Diante disso, a melhor maneira de lidar com as mudanças é buscando compreender e aceitar o que a natureza oferece.

Não lute contra. Não se esforce para impedir o que não pode ser impedido. O universo está em movimento, e você também. Como você seria capaz de parar todas as coisas? Quem seria capaz? Ninguém é.

Insisto! Abrace a mudança. Em vez de travar uma verdadeira guerra contra o fluir da vida, é melhor aprender a conviver com ela e aproveitá-la ao máximo.

"Da luta dos contrários é que nasce a harmonia."

Esteja certo de que é possível encontrar a harmonia na mudança e de que disso depende significativamente a sua felicidade.

Compreenda de uma vez por todas que nada permanece igual para sempre. Tudo na vida é impermanente, o que vale para coisas, pessoas e situações. Isso significa que inevitavelmente tudo vai mudar, e você precisa entender essas mudanças constantemente para evoluir.

A adaptação constante é fundamental para que possamos lidar com o fluxo da vida. Quando nos adaptamos, aprendemos a lidar com novas situações e desafios, e isso nos permite evoluir e crescer como indivíduos. É importante ter consciência de que resistir às mudanças só nos leva a estagnar e a ficar presos ao passado.

Aprenda a fluir com a mudança. Como você já sabe, a vida é como um rio, que nunca para de fluir e se modificar. Assim como o rio, precisamos aprender a seguir levemente com as mudanças e encontrar nosso ponto de estabilidade.

Sua força de vontade e capacidade de resiliência serão testadas e são importantes para lidar com tudo isso. É preciso ter coragem para aceitar o que já ficou para trás e enfrentar o que vem pela frente. Siga!

Antes de concluirmos, tenho algo mais para te dizer e espero que você reflita, confie e valorize a racionalidade. Faça isso sem desprezar ou abandonar a sensibilidade. Desse modo, acredito que você terá condições favoráveis para continuar sua jornada.

SÓCRATES

Certa vez, Steve Jobs disse: "Trocaria toda a minha tecnologia por uma tarde com Sócrates". Mas o que levaria um dos personagens mais visionários dos últimos tempos a fazer tal declaração? Vamos tentar entender essa história.

Sócrates, um dos filósofos mais famosos da Grécia Antiga, nasceu em Atenas por volta de 469 a.C. Sua trajetória é marcada por sua filosofia revolucionária, que o tornou um dos pensadores mais influentes e importantes da história.

Desde jovem, Sócrates se destacava por sua inteligência e capacidade de questionar as verdades estabelecidas. Ele era conhecido por caminhar pelas ruas e espaços públicos de Atenas fazendo perguntas aos seus concidadãos, sempre buscando desafiar suas crenças e ampliar seus conhecimentos.

Sócrates acreditava que o conhecimento era a chave para uma vida melhor e que o autoconhecimento era o primeiro passo nesse caminho. Ele defendia que o ser humano só pode ser verdadeiramente livre quando compreende a si mesmo e suas limitações. Sua filosofia era baseada no diálogo e no questionamento constante, e sua metodologia ficou conhecida como maiêutica, que significa "arte de dar à luz".

No entanto, sua postura questionadora e seu desprezo pelas convenções sociais fizeram com que ele fosse visto como uma ameaça pelos poderosos da época. Em 399 a.C., ele foi condenado à morte por "corromper a juventude" e "não acreditar nos deuses da cidade". Mesmo diante da sentença, Sócrates se manteve fiel às suas ideias e não renunciou a seus princípios.

A influência de Sócrates na filosofia é imensa. Ele é considerado um dos fundadores da filosofia ocidental e influenciou pensadores como Platão, Aristóteles e muitos outros. Seu método de questionamento constante se tornou a base da filosofia moderna, e sua preocupação com o autoconhecimento inspirou várias correntes de pensamento, como a psicanálise.

Além de sua importância filosófica, Sócrates também é conhecido por suas curiosidades e excentricidades. Ele era um homem simples e despojado, que vivia com poucos pertences e sem se preocupar com as aparências. Dizia que sua sabedoria era fruto de sua ignorância, pois só sabia que não sabia nada.

Sócrates também era conhecido por suas habilidades como atleta. Ele participou de várias competições de luta e corrida, chegando a vencer alguns torneios. Em seus últimos momentos de vida, enquanto aguardava sua execução, ele foi convidado a fugir da prisão, mas se recusou, afirmando que isso seria contrário à sua ética e aos seus princípios.

....

SEMPRE APARECE ALGUÉM TENTANDO COLOCAR ALGUMA IDEIA NA MINHA CABEÇA OU TENTANDO ME TORNAR O MAIS NOVO ADEPTO DE UM GRUPO ALEATÓRIO. O QUE DEVO FAZER DIANTE DISSO?

....

Seguindo em frente, próximo de um tipo de praça pública ou parque, é possível perceber uma certa aglomeração, como se alguém estivesse fazendo algum número artístico ou palestrando ao ar livre. Será mesmo?

A proximidade logo revela a imagem de um homem de estatura baixa, robusto e com olhos bastante expressivos. Ele está dialogando com um jovem, enquanto outros acompanham o desenrolar da conversa, repleta de questionamentos e boas reflexões. O fato é que todos ali estão meio que hipnotizados.

Tão logo o grupo segue seu rumo, o homem se apresenta como Sócrates. Bastante sociável e comunicativo, o que parece ser um traço de sua personalidade ou o que alguns preferem chamar de dom.

Então, sem nenhuma cerimônia ou demora, ele pergunta: "Você sabe verdadeiramente algo? Ou limita-se a repetir o que sempre ouviu os outros falarem?".

Quer um conselho? Pense com sua própria cabeça!

Entenda que parte significativa de nossos dramas e dilemas tem como fonte uma visão pra lá de equivocada: a certeza de saber. Partir de tal noção para encarar o que quer que seja é, no mínimo, perigoso. Entretanto, esse não é o único problema, já que procuramos e obtemos esses supostos saberes em fontes erradas.

Certamente, em algum momento de sua vida, você já parou para admirar uma paisagem e depois chegou para um amigo descrevendo o lugar como "incrivelmente lindo!". Provavelmente fez o contrário com um local desagradável, considerando-o "horrível!". Evidentemente isso se repete com músicas e outras manifestações artísticas, além de pessoas que são rotuladas como bonitas ou feias.

Mas por que você acha bonito o que você acha bonito?

Tenho quase certeza de que seus parâmetros estão de acordo com os padrões sociais. Logo, se todos consideram que algo é belo, você acaba se sentindo forçado a entrar na onda. Repetindo o que todo mundo diz. "Pensando" com a cabeça dos outros.

Repito: quer um conselho? Pense com sua própria cabeça!

As outras pessoas falam muitas coisas, sobre centenas de temas. E vão tentar de alguma forma impor suas visões e opiniões. Tal situação ocorrerá de diversas maneiras, em todos os locais possíveis. Por isso, não seja guiado por ninguém, nem mesmo por mim. Estou aqui para te ensinar o valor do autoconhecimento.

"Sábio é aquele que conhece os limites da própria ignorância."

Você já parou para pensar que a raiz da sabedoria é a humildade? Costumo refletir com os meus discípulos que é preciso reconhecer que não sabemos tudo e que sempre há algo a aprender. Por isso, a curiosidade é uma virtude essencial para quem busca conhecimento. Devemos estar abertos a novas ideias e perspectivas, dispostos a questionar nossas próprias crenças e a ouvir os outros com atenção.

Além disso, é fundamental ter coragem para enfrentar a ignorância. Muitas vezes nos agarramos a nossas ideias e opiniões por medo de mudar, mas precisamos estar dispostos a reconhecer nossas limitações e a estar em constante busca por melhorar. Afinal, só podemos superar nossos limites quando temos coragem de reconhecê-los.

Vivemos em um mundo em que há um turbilhão de vozes alheias que competem por nossa atenção, e as chamadas "bolhas sociais" podem nos levar a nos fecharmos em nossas próprias perspectivas, deixando-nos isolados e sem senso crítico.

Nesse contexto, é ainda mais essencial buscar autonomia, senso crítico e autoconhecimento. Para alcançar esses objetivos, acredito que a maiêutica continua sendo uma técnica valiosa de questionamento. Através da maiêutica, é possível chegar à verdade por meio de uma série de perguntas e respostas que ajudam a explorar nossos próprios pensamentos e ideias.

A maiêutica é uma técnica de questionamento que visa ajudar as pessoas a alcançar a verdade, a descobrir o que já sabem dentro de si mesmas. Por meio de perguntas cuidadosas e desafiadoras, o objetivo é estimular a reflexão profunda e a exploração de diferentes perspectivas. Na prática, ela funciona assim: eu, como facilitador, faço uma série de perguntas para a pessoa, visando encorajar a reflexão e a exploração de suas próprias ideias e pensamentos.

Por exemplo, se alguém expressa uma opinião, eu posso fazer perguntas como: "Por que você acredita nisso?", "Qual é a evidência que você tem para apoiar essa afirmação?", "Como isso se relaciona com outras coisas em que você acredita?", e assim por diante.

O objetivo é ajudar a pessoa a refletir sobre suas próprias ideias e a desenvolver um senso crítico mais aguçado. Desse modo, ela é levada a questionar suas próprias ideias e a descobrir-se enquanto pensadora. É como se eu estivesse ajudando a "dar à luz" a verdade que já existe dentro da pessoa.

A utilização da maiêutica nos permite olhar para além das bolhas sociais e questionar as ideias que nos são apresentadas, de forma a desenvolver o filosofar. Além disso, ela nos ajuda a nos conhecermos melhor, descobrindo nossos próprios preconceitos e limitações.

O valor da maiêutica reside no fato de que ela nos ajuda a impulsionar esse olhar interior, em detrimento de uma dependência do externo. Em vez de sermos meros receptores passivos de informação, a maiêutica nos encoraja a explorar nossas próprias ideias e a chegar a nossas próprias conclusões.

Não se engane: o saber verdadeiro sempre esteve com você, mas, para que ele venha à tona, é fundamental que você possa separar as ideias que impulsionam sua curiosidade das que chegam para sabotar sua criticidade. Muitas vezes, nos deixamos levar pelo comodismo proporcionado por preconceitos e opiniões prontas, impedindo-nos de enxergar novas possibilidades.

Por isso acredito que a busca pelo autoconhecimento é fundamental para quem deseja alcançar a sabedoria. Devemos estar em constante reflexão sobre nossas ações, sentimentos e pensamentos, buscando compreender melhor a nós mesmos e nossas motivações. Só assim poderemos agir de forma mais consciente e ética, contribuindo para um mundo melhor.

PLATÃO

Platão é um dos mais influentes filósofos da história. Sua obra é um legado intelectual que se expandiu e influenciou várias áreas do conhecimento humano. Ele nasceu em Atenas, Grécia, no ano de 428/427 a.C., e estudou com Sócrates, que viria a ser uma das maiores inspirações para sua filosofia.

O principal objetivo de Platão era encontrar a verdade e a sabedoria, e ele acreditava que essa busca deveria ser constante e incansável. Ele desenvolveu uma teoria filosófica que afirmava que o mundo material é apenas uma sombra do mundo real e que a verdadeira realidade está além do mundo que podemos ver. Platão também defendia que a alma humana é imortal e que o conhecimento verdadeiro só pode ser alcançado por meio da razão.

Ao escrever *A república*, o filósofo apresenta sua teoria sobre a justiça e a organização ideal da sociedade. Nessa obra, ele argumenta que a justiça só pode ser alcançada em uma sociedade em que cada indivíduo desempenha o papel que lhe é mais adequado e justo. Platão acreditava que um filósofo deveria governar a sociedade, pois apenas ele teria a capacidade de compreender a verdadeira natureza das coisas.

Além de *A república*, Platão escreveu diversos outros textos, incluindo *O banquete*, *Fedro* e *Timeu*. Em *O banquete*, ele explora a natureza do amor, enquanto em *Fedro* discute a natureza da retórica e da persuasão. Já em *Timeu*, apresenta sua teoria sobre a origem e a estrutura do universo.

Platão foi um dos responsáveis por criar a tradição filosófica ocidental e sua influência se estende através da história. A filosofia de Platão se faz presente na teologia, psicologia, política, arte e literatura, e suas ideias permanecem motivando debates e reflexões.

Uma curiosidade interessante sobre Platão é que ele fundou a Academia de Atenas, uma escola de filosofia que se tornou um dos principais centros de aprendizado da Grécia Antiga. A Academia de Atenas foi fundada em 387 a.C. e operou até o ano de 529 d.C., quando foi fechada pelo imperador Justiniano I.

Outro fato curioso é que Platão escrevia suas obras em forma de diálogos, nos quais os personagens discutiam e debatiam sobre questões filosóficas. Essa técnica literária permitia que ele explorasse diversas perspectivas e pontos de vista, o que tornou suas obras ainda mais ricas e complexas.

COMO ENCONTRAR MEU PROPÓSITO?

Platão, como você já sabe, foi o mais importante discípulo de Sócrates. Logo, o lance de valorizar o autoconhecimento já estava no seu roteiro, além, é claro, de valorizar pra caramba a razão, considerando a sensibilidade como um ponto pra lá de delicado, cujas impressões precisam passar pelo filtro do intelecto.

Com essa visão, fica fácil sacar que ele sugere que, pelo nosso bem, é melhor não dar muito crédito para o que dizem as paixões, já que, em tese, elas costumam aparecer para perturbar nossos juízos.

Isso mesmo! Ele acreditava que as paixões, como o amor, a raiva e a inveja, podem ser extremamente poderosas e muitas vezes nos levam a tomar decisões impulsivas e pouco racionais. Por exemplo, se estamos com raiva, podemos dizer coisas que não são verdadeiras ou tomar decisões que não são lógicas ou sensatas. Da mesma forma, se estamos apaixonados, podemos perder nossa objetividade e ter dificuldade em ver as coisas de maneira clara e objetiva.

Platão argumentava que, para alcançar um pensamento mais coerente e equilibrado, devemos conter nossas emoções. Ele defendia que o conhecimento e a razão eram a chave para a sabedoria e que, para alcançá-los, precisamos aprender a controlar nossas emoções.

Ele também ficou muito famoso por acreditar que este mundo material, em que nós habitamos, é imperfeito, temporal, repleto de aparências e que não seria nada mais do que uma representação de um outro mundo imaterial, eterno, perfeito e imutável. Por sinal, nossas almas são provenientes desse outro mundo, onde tivemos a oportunidade de contemplar a essência de tudo aquilo que encontramos por aqui. E não apenas isso! A alma carrega consigo o bem, a justiça, a perfeição e o nosso propósito no mundo.

Agora, imagine entrar num grande espaço do saber. Um imenso pátio ocupado por diferentes grupos reunidos. Matemáticos, poetas, políticos, músicos, historiadores e filósofos. Uma escola um tanto quanto livre, dinâmica e não convencional, para dizer o mínimo.

O responsável por esse projeto é um cara chamado Arístocles, popularmente conhecido pelo seu apelido, Platão (que significa literalmente "ombros largos"). Acompanhe as atividades de um dia "normal" na famosa Academia, cheio de palestras, discussões e debates.

Como de costume, o próprio Platão se encarrega de receber os visitantes. É chegado o momento de ouvir um dos mais importantes filósofos da Antiguidade.

"Uma vida não questionada não merece ser vivida."

Novos discípulos são sempre bem-vindos, saiba que te falo como um sábio que viveu muitas vidas e aprendeu algumas coisas que tenho como valiosas. Quando se está inseguro quanto ao caminho a seguir na vida, é bom ter em mente que é natural se sentir perdido. Creio que todos passam por isso. No entanto, permita-me compartilhar com você algumas verdades universais que podem te ajudar a encontrar o seu propósito.

Em primeiro lugar, é preciso compreender que o propósito da vida não é algo externo ao nosso ser, algo que você precisa descobrir ou conquistar. Ele já reside dentro de você, sempre esteve, e espera ser despertado.

Em segundo lugar, é preciso cultivar a virtude e a sabedoria, pois só através delas você será capaz de alcançar a plenitude e a felicidade. Aprenda a conhecer a si mesmo, a ser justo consigo mesmo e com o próximo, corajoso e temperante, a compreender as verdades universais e a viver de acordo com elas.

Em terceiro lugar, é preciso entender que a vida é uma constante de aprendizado e evolução. Não se preocupe em encontrar o seu propósito de uma só vez, permita-se experimentar coisas novas, aprender com seus erros e acertos e continuar a crescer como ser humano. Então, mantenha a conduta e o espírito de aprendiz.

Em quarto lugar, lembre-se de que a vida não é uma corrida, mas, sim, uma jornada. Aproveite cada momento, valorize as pessoas que encontrar, ouça, reflita e não se preocupe em ser o primeiro ou o melhor. O mais importante é ser feliz e viver uma vida plena.

Em resumo, meu caro leitor, permita-se ser guiado pela sua alma, cultivando a integridade, a sabedoria e a humildade. Assim, você encontrará o seu propósito e alcançará o que tanto precisa.

Lembre-se sempre: "Conhece a ti mesmo e conhecerás o universo e os deuses".

ARISTÓTELES

Aristóteles foi um dos pensadores mais excepcionais da história. Ele nasceu em Estagira, na Grécia, em 384 a.C., e estudou na Academia de Atenas, fundada por seu mentor, Platão. Aristóteles era um estudioso incansável que deixou contribuições importantes em diversas áreas, incluindo a filosofia, a lógica, a ética, a política, a biologia e a física.

Ele defendia que a razão humana, bem como hábitos e experiências, seriam fundamentais para a compreensão da natureza e do universo, e sua obra deixa isso bastante claro. Ele foi o fundador do Liceu, uma escola filosófica que se tornou um dos grandes centros de aprendizado da Grécia Antiga.

O Liceu, também conhecido como Peripatos, foi fundado em Atenas, no século IV a.C. A escola era localizada em um jardim próximo ao templo de Apolo Lício, daí o nome "Liceu".

Ao contrário da Academia de Platão, que era mais focada em discussões abstratas sobre a realidade e a natureza da existência, o Liceu era uma escola mais prática e empírica, que enfatizava a observação e a análise da natureza. Aristóteles acreditava que o conhecimento poderia ser adquirido por meio da experiência, da observação e da investigação científica, e não apenas por meio da reflexão e da contemplação.

O Liceu também era conhecido por ter uma ampla variedade de disciplinas, incluindo filosofia, história, biologia, zoologia, botânica, física, matemática e política. Aristóteles acreditava que todas essas áreas do conhecimento eram interligadas e que uma compreensão completa da natureza exigia uma compreensão de todas elas.

Em termos de organização, era menos formal do que a Academia de Platão. Não havia uma estrutura rígida de aulas e horários, e os alunos eram encorajados a discutir e debater entre si, bem como com Aristóteles. No entanto, também era esperado dos alunos que realizassem pesquisas independentes e apresentassem os próprios trabalhos.

Uma de suas obras mais lidas é a *Ética a Nicômaco*, na qual ele discute a natureza da virtude e da ética. Aristóteles acreditava que a virtude é uma disposição habitual de agir corretamente e que a felicidade é o objetivo final da vida. Ele também defendia que a ética não se limita a regras morais, mas sim à compreensão da natureza humana e do mundo ao nosso redor.

Outra obra importante de Aristóteles é a *Política*, na qual ele discute a organização do governo, argumentando que o objetivo da política é buscar o bem comum e que a melhor forma de conduzir a sociedade seria por meio de uma democracia moderada. Ele também dizia que o governo deve ser exercido por pessoas virtuosas e capacitadas e que a educação é fundamental para a formação desses governantes.

A respeito de sua atuação em áreas como biologia e física, ele realizou diversas pesquisas sobre a natureza e a classificação dos animais, e suas observações serviram de base para a biologia moderna. Em sua obra *Física*, ele discute a natureza do movimento e da mudança e apresenta sua teoria do "motor imóvel", que defendia a existência de um ser supremo e perfeito que move o universo.

Uma informação bastante interessante sobre Aristóteles é que ele foi tutor do jovem Alexandre, o Grande, que se tornaria um dos maiores líderes da história. Durante o período em que acompanhou Alexandre, ele lhe ensinou filosofia, política, história e literatura, e teve uma grande influência em sua formação intelectual.

Outra curiosidade é que Aristóteles foi um dos primeiros pensadores a reconhecer a importância da observação empírica e da experimentação na busca pelo conhecimento. Ele acreditava que a filosofia deveria se basear em evidências e fatos concretos, e não em teorias abstratas e especulações.

....
NÃO SEI SE CONSIGO SER FELIZ. AFINAL, ALGUÉM CONSEGUE? ISSO É REALMENTE POSSÍVEL?
....

Num belo dia depois de sair de casa e chegar ao que deveria ser sua sala de aula, você é surpreendido com um fato inusitado: o ambiente de estudos está totalmente vazio. Mas encontrar Aristóteles e seus discípulos não será uma tarefa difícil. Basta olhar para o lado de fora, no jardim.

As surpresas não param por aí. Aparentemente a aula está acontecendo. O professor caminha e vai propagando uma série de reflexões, enquanto os estudantes o seguem. Não perca tempo! Vá até eles!

Ao chegar perto do grupo, é possível ver Aristóteles falando sobre a natureza e suas leis. Expondo as noções de forma e matéria, ato e potência, além daquilo que chama de motor imóvel.

Quando a aula termina e todos começam a se despedir, o mestre se aproxima e inicia uma pequena palestra particular para você – caminhando pelo jardim, óbvio.

Quero que pense profundamente sobre algo: você se considera uma pessoa feliz?

Tomando como base a sua rotina, você é capaz de identificar um percurso que te proporciona felicidade?

Não é por acaso que todos querem ser felizes. Isso tem uma boa explicação. A própria natureza imprimiu em cada um de nós esse propósito. Não apenas isso, mas um certo espírito coletivo. Tanto que considero que somos animais políticos. E o que isso significa?

Entre outras coisas, significa que somos seres sociais e que precisamos da convivência. Coisa que é extremamente útil para o aperfeiçoamento do nosso caráter, na medida em que somos capazes de aprender com nossos acertos e erros, bem como a partir dos acertos e erros alheios.

"O homem é, por natureza, um animal político."

Mas qual a relação disso com a felicidade?

É preciso entender que não estamos tratando de um mero estado de espírito, mas de uma prática. Tenha em mente que a felicidade caminha de mãos dadas com o bem. Nesse sentido, usando a lógica, só é feliz quem pratica o bem ao longo de todo um percurso, marcado por experiências, testes, relacionamentos, sementes e frutos gerados.

É de fundamental importância que você compreenda que a felicidade é uma questão de escolha, e não uma condição dada. Ela não depende de propriedades, riquezas e posição social, mas sim do caráter, através do esforço constante para aplicar valores e virtudes.

A felicidade não é um estado permanente de alegria, mas sim um equilíbrio entre as alegrias e tristezas da vida, acompanhado de um senso de realização e significado. Como você já deve ter notado, não se trata de ganhar ou perder, mas da postura que assumimos diante das mais variadas situações. É preciso aprender a enfrentar as dificuldades e aproveitar as alegrias da vida, sem negociar princípios nem perder o foco no grande objetivo.

Compreenda que a felicidade é uma consequência de toda uma trajetória pautada pela retidão e pelo equilíbrio. É preciso cultivar a justiça, a coragem, a temperança e a sabedoria e pautar cada atitude sobre esses pilares. Assim, quanto mais virtuoso você for, mais feliz será.

"A perfeição é o meio-termo entre dois extremos: um por excesso e o outro por falta."

Mas isso não é algo que se possa alcançar sem esforço. É preciso buscar o equilíbrio entre dois extremos, o meio-termo, que eu chamo de virtude. É importante lembrar que não estamos falando de um ponto estático, mas de um processo contínuo de busca pelo equilíbrio entre excessos opostos. Por exemplo, a coragem é uma virtude que se encontra no meio-termo entre a covardia e a imprudência.

E por que buscar a justa medida entre dois extremos? Porque é aí que reside a excelência. O meio-termo é a dose correta, e é através dela que se pode encontrar o caminho para a felicidade. Aqueles que buscam o excesso ou a falta em qualquer aspecto da vida acabam por se afastar da virtude e da excelência e, consequentemente, da felicidade.

Tenha em mente que a felicidade não é algo individual, mas sim algo que se alcança em comunidade, coletivamente. É preciso construir relações saudáveis e significativas com as pessoas e buscar o bem comum.

A pólis é um lugar onde podemos encontrar pessoas com diferentes pontos de vista e opiniões, o que nos permite ampliar nossa visão de mundo e aprender com os outros. Além disso, dentro da sociedade podemos exercer nossa cidadania e participar da vida política, contribuindo para o bem comum.

Note que a importância da coletividade para a nossa formação reside na necessidade de nos relacionarmos com os outros e aprendermos a lidar com as diferenças. É através da convivência que aprendemos a nos colocar no lugar do outro, a exercitar a empatia e a compreensão. Aprendemos também a respeitar regras e hierarquias e a desenvolver tolerância e solidariedade.

O aperfeiçoamento do nosso caráter ocorre a partir desse grande laboratório, pois é através dos nossos relacionamentos que somos confrontados com nossas qualidades e nossos defeitos. É na pólis que podemos aprender a ser corajosos, generosos e justos e a nos tornarmos seres humanos melhores. É na vida em comunidade que podemos exercitar o que temos de melhor, para nos aperfeiçoarmos como indivíduos.

Permita-se acreditar em si mesmo e em sua capacidade de ser feliz. Não deixe, jamais, de cultivar a virtude, seja racional e procure manter o foco na justa medida de todas as coisas. Assim você terá condições favoráveis para enxergar e alcançar a felicidade.

DIÓGENES

Diógenes, o cínico, foi um dos filósofos mais emblemáticos da Grécia Antiga. Ele nasceu em Sinope, por volta de 412 a.C., e passou a maior parte de sua vida em Atenas, onde viveu de forma simples e excêntrica. Diógenes era conhecido por suas atitudes radicais, controversas e irreverentes, e sua filosofia serviu de inspiração para diversos pensadores ao longo da história.

Ele adotou um estilo de vida ascético e despojado, dormindo em um barril na cidade de Atenas. Defendia que a felicidade não se encontra em bens materiais, status ou prazeres mundanos, mas sim na simplicidade e na liberdade. Diógenes acreditava que a virtude era o único bem verdadeiro, e que o caminho para a felicidade passava pela renúncia aos desejos e a convenções sociais.

Uma das histórias mais famosas sobre Diógenes envolve uma cena em que ele está andando pelas ruas de Atenas com uma lanterna acesa durante o dia. Quando questionado sobre o motivo, ele respondeu que estava procurando um homem honesto. Essa atitude demonstra a desilusão de Diógenes com a sociedade e a corrupção que via ao seu redor.

Outra história que exemplifica a personalidade forte de Diógenes é a sua resposta quando Alexandre, o Grande, o procurou e perguntou o que poderia fazer por ele. Diógenes, que estava deitado sob o sol naquele momento, respondeu simplesmente: "Saia do meu sol".

Essa atitude demonstra a independência e a sinceridade do filósofo, que não se deixava impressionar pela fama ou pelo poder.

O legado de Diógenes é a sua filosofia cínica, que influenciou diversos. Ele foi um dos primeiros filósofos a defender a simplicidade e a autossuficiência como caminho para a felicidade, e a sua atitude desapegada e radical impulsionou alguns movimentos filosóficos ao longo dos séculos. Diógenes também é lembrado como um símbolo da atitude crítica, e sua personalidade peculiar e desafiadora continua a inspirar muitas pessoas.

Uma curiosidade interessante sobre Diógenes é que ele acreditava que os seres humanos deveriam viver como os cães, ou seja, sem se preocupar com a opinião dos outros e vivendo de forma simples e desapegada. Essa atitude lhe rendeu o apelido de "cão" ou "cínico", termo que se tornou sinônimo de uma atitude de humildade e independência.

SÃO MUITAS COBRANÇAS, METAS E PADRÕES. COMO DAR CONTA DE TUDO ISSO?

Você caminha pelas ruas agitadas de Atenas, sentindo o sol quente na pele enquanto observa pessoas apressadas indo e vindo, carregando cestos de compras e conversando animadamente. À medida que você se aproxima do centro da cidade, o barulho das carroças e dos mercadores aumenta, criando uma cacofonia de sons que enche seus ouvidos.

De repente, você avista uma figura estranha sentada na praça central, cercada por cães. É Diógenes, o filósofo cínico de quem você já ouviu falar, conhecido por suas ideias controversas e seu estilo de vida incomum. Ao se aproximar dele com curiosidade, você é recebido pelo forte cheiro dos seus cães e pela sua aparência descuidada. Diógenes está sentado em um tapete, rodeado por suas poucas posses, que incluem uma tigela de barro, uma lanterna e uma bengala.

Enquanto você observa a cena, os cães de Diógenes começam a farejar ao seu redor, mas ele os afasta com um gesto de mão. Ele se vira e cumprimenta você com uma saudação cínica, fazendo-lhe uma pergunta.

Você alguma vez já parou para pensar se está de fato vivendo ou apenas seguindo um roteiro elaborado pela sociedade? E que talvez esteja se limitando a interpretar um personagem, adequado às expectativas de sua família e amigos? Aqui ainda cabe mais um questionamento importante: quando você planeja estrear na história de sua própria vida?

Se por acaso você ainda não encontrou as respostas, saiba que você é a única pessoa capaz de resolver tudo isso e descobrir quem você realmente é. O meu conselho? Liberte-se dos padrões! Deixe de ser escravizado pelo "lá fora", comece a cultivar e valorizar o "aqui dentro" e abrace sua singularidade.

Chega a ser engraçado, para não dizer bizarro, ver todo esse teatrinho que nos rodeia. Em todos os lugares, o tempo todo. De modo que a mentira e a hipocrisia são práticas costumeiramente associadas à "educação" e a "boas maneiras."

Talvez eu não precise ser didático e nem faço questão disso, mas posso ser ainda mais enfático e explícito... Meu caro amigo, entenda que a maioria das cobranças e padrões sociais são ilusórios e irrelevantes para sua felicidade verdadeira. Não se deixe enganar pelos valores superficiais da sociedade, que muitas vezes são baseados num jogo desprezível de materialismo, status e aparência.

"A riqueza consiste em não desejar nada, e a sabedoria em não precisar de nada."

O consumismo nos mantém presos em um ciclo interminável de desejo e insatisfação. Os padrões de beleza e a busca pela perfeição física nos distraem do que realmente importa: nossa saúde e bem-estar emocional. O status e o poder são ilusões que nos cegam para as coisas verdadeiramente importantes da vida.

A vida nos apresenta desafios e dramas, muitos dos quais nos levam a buscar coisas efêmeras, como a ostentação de riquezas, a visibilidade e o reconhecimento. Porém, como cínico, acredito que a verdadeira felicidade não pode ser encontrada em coisas externas como essas.

A busca incessante por riquezas e bens materiais é como uma miragem que nos mantém presos a um ciclo de dor e frustração. Devemos aprender a valorizar as coisas simples da vida e entender que a felicidade não pode ser comprada.

A verdadeira satisfação não está em nenhuma das coisas que acabam exigindo de você. Nada que venha para te diminuir e danificar sua singularidade pode merecer seu respeito, tempo e atenção. É preciso buscar a consciência daquilo que você é, sem se deixar oprimir por qualquer tipo de arbitrariedade que venha conspirar contra a sua individualidade e o seu viver, independentemente do que a sociedade imponha.

Não se engane: você é o único responsável por si mesmo. Portanto, não dependa dos outros para lhe dar o que você precisa ou para validá-lo. Aprenda a se virar sozinho e a encontrar alegria e significado na sua existência.

"A felicidade é um bem interior; ela não depende de coisas externas."

Posso afirmar que a simplicidade é a chave para a felicidade. Não caia nas armadilhas do sistema e busque a satisfação nas coisas simples, como a natureza, a contemplação, o ócio ou até mesmo em longas conversas consigo mesmo enquanto faz uma caminhada por algum lugar que considere agradável.

A satisfação não se encontra nas opiniões dos outros, mas dentro de si mesmo, como já lhe falei. A sociedade pode ser implacável em suas cobranças, mas isso não significa que você tenha que ceder. Seja verdadeiro consigo mesmo, defina seus próprios valores e suas prioridades e não se preocupe com o que os outros pensam. A verdadeira virtude está na autossuficiência, na independência e na coragem de seguir o seu próprio caminho. Não deixe que as cobranças da sociedade o impeçam de viver aquilo que você tanto deseja. Seja como os cães, que não se importam com a opinião dos outros e vivem de forma simples e desapegada. Seja livre, seja você mesmo, seja feliz.

Permita-se ser de fato liberto. Celebre sua independência sem abrir mão da humildade. Nunca permita que alguém te desrespeite ou ataque sua dignidade. Não adie a estreia da pessoa incrível que você é numa história que não deveria estar sendo escrita por outra pessoa além de você mesmo.

Não deixe para ser amanhã a pessoa que você pode ser hoje!

SÊNECA

Lucius Annaeus Sêneca foi um dos nomes relevantes da filosofia romana e teve uma vida repleta de desafios e contradições. Nasceu em Córdoba, na Espanha, em 4 a.C., e desde cedo mostrou grande interesse pelas artes e pelo estudo. Foi educado em Roma, onde se tornou um dos mais respeitados oradores e escritores de seu tempo. Além de filósofo, Sêneca foi também dramaturgo, poeta e político, tendo ocupado cargos importantes na corte imperial de Nero.

A filosofia estoica foi o principal enfoque da obra de Sêneca. Ele acreditava que o caminho para a felicidade estava na busca pela virtude e na aceitação das adversidades da vida. Para ele, a vida deveria ser vivida de forma plena e consciente, sem medo ou ressentimentos. Seus ensinamentos influenciaram algumas correntes filosóficas e são seguidos até hoje por muitos estudiosos.

A gratidão é um ponto muito importante na filosofia de Sêneca, pois ele acreditava que a vida e a natureza são generosas conosco e que devemos ser gratos por tudo o que recebemos.

Sêneca acreditava que a natureza é uma fonte inesgotável de bênçãos, que nos dá tudo o que precisamos para viver: ar, água, comida, abrigo e beleza. Ele acreditava que a natureza é tão benevolente que não precisamos buscar nada mais do que ela nos oferece.

Além disso, Sêneca acreditava que a vida é uma dádiva preciosa, que devemos valorizar e agradecer a cada momento. Ele nos ensinava a ver o lado bom da vida, mesmo em momentos difíceis, e a agradecer por cada oportunidade que temos de crescer e evoluir como seres humanos.

A gratidão é uma virtude que nos ajuda a reconhecer e valorizar as coisas boas que temos em nossas vidas e a lidar com os desafios de forma mais positiva e construtiva. Quando somos gratos, sentimos mais amor, compaixão e empatia pelos outros e nos tornamos mais conscientes do mundo ao nosso redor.

Suas obras mais famosas são as cartas morais a Lucílio, nas quais apresenta sua filosofia de forma mais acessível e prática, além de suas tragédias, que são consideradas verdadeiras obras-primas da literatura clássica. As cartas, escritas em linguagem simples e direta, abordam temas como a vida, a morte, a felicidade, a virtude e o destino. Elas contêm lições valiosas e são frequentemente citadas como uma fonte de sabedoria e inspiração.

Além de suas obras filosóficas, Sêneca teve uma vida marcada por conflitos internos e externos. Apesar de seus ideais estoicos, ele serviu a um imperador corrupto e opressor e foi acusado de participar de complôs contra o governo. Por fim, foi obrigado a cometer suicídio por ordem de Nero, seu antigo pupilo. No entanto, sua morte não diminuiu a influência de sua obra, que se tornou um legado duradouro para a humanidade.

Sêneca é lembrado como um dos maiores pensadores da história e sua trajetória é um testemunho da força e da resiliência do ser humano.

EXISTE ALGUMA FÓRMULA PARA MANTER A PAZ DE ESPÍRITO E A SANIDADE MENTAL?

Você caminha pelas ruas movimentadas de Roma, observando as pessoas apressadas indo e vindo entre as construções de pedra. O sol escaldante bate em sua pele, mas você não se importa, afinal, sua mente está focada em um único objetivo: encontrar o filósofo Sêneca.

Depois, passa por grandes praças, com fontes e estátuas majestosas dos deuses romanos. As ruas estreitas o levam a um bairro mais movimentado, onde as barracas de comida e artesanato exalam aromas deliciosos de pão fresco e frutas maduras.

Finalmente, você chega a uma casa modesta, onde Sêneca é conhecido por viver. A porta de madeira está entreaberta, e você ouve, vindo de lá de dentro, suaves notas de uma lira. Você bate à porta e é recebido pelo próprio Sêneca, que o cumprimenta com um sorriso caloroso e um aperto de mãos firme.

Você entra na casa, admirando a simplicidade e beleza da decoração. Há uma mesa com alguns pergaminhos e um pequeno jardim na parte de trás. Sêneca o convida para sentar e começar a conversar.

Quanto a alcançar a paz de espírito, eu não diria fórmula, mas existe uma visão, talvez até um passo a passo filosófico. Como assim? Vamos lá! Para começo de conversa, é preciso buscar meios para controlar as emoções. E o caminho mais eficiente nesse sentido é encarar cada uma delas, ao invés de silenciá-las ou disfarçá-las. Esse entendimento sobre como você se sente e o que provoca cada sensação ou emoção vai ampliar a visão, por mais assustador que isso possa parecer em algumas situações. Não esqueça que as emoções são como ondas e que, para lidar com elas, é primordial manter a calma, evitando se deixar dominar por elas.

Exercitar a gratidão também é uma prática que pode ajudar qualquer pessoa a manter sua paz de espírito e resguardar a sanidade mental. Quando falamos sobre gratidão, estamos tratando de uma das maiores fontes de felicidade e paz interior. Acolhendo essa ideia, tente encontrar coisas pelas quais você pode ser grato todos os dias, mesmo nas situações mais difíceis e adversas.

Preciso ser ainda mais franco neste ponto da conversa. Entenda: é quase impossível ter algum nível de sanidade se a pessoa insiste em ficar se comparando com os outros. Então, simplesmente não se compare com ninguém! Ok? Não me interprete mal, mas é que a comparação constante funciona como uma fonte de ansiedade e insatisfação. Em vez disso, concentre-se em si mesmo, nas suas atividades, características, paixões e sonhos. Isso faz muito mais sentido e te fará um bem imenso. Acredite nisso.

"Não há vento favorável para aquele que não sabe para onde vai."

Também gostaria que você aceitasse aquilo que você não pode mudar. Tentar controlar tudo, sejam pessoas ou até mesmo situações, só vai iniciar um processo interno de autodestruição e nada mais. Muitos dos nossos problemas mentais vêm justamente da nossa frustração com as coisas que não somos capazes de mudar. Aprenda a aceitar as coisas como elas são e a se concentrar no que você pode controlar. Naquilo que depende unicamente de você e de ninguém mais.

Deixe-me apresentar a você a ideia de *amor fati*, que significa "amor ao destino". Essa é uma ideia fundamental do estoicismo que pode ajudá-lo a encontrar a paz de espírito que procura.

O conceito de *amor fati* nos lembra de que não podemos controlar tudo o que acontece em nossas vidas, mas podemos controlar a maneira como reagimos a esses acontecimentos. Em vez de resistir ao que não podemos mudar, devemos aceitar e abraçar nosso destino, amando-o como ele é.

Ao amar nosso destino, podemos encontrar a serenidade e a paz de espírito que procuramos. Aceitar as coisas que não podemos mudar não significa que somos passivos ou resignados, mas sim que somos corajosos o suficiente para enfrentar a vida de frente e encontrar significado e propósito em cada situação.

Encontre seu próprio significado. Tenha intimidade consigo mesmo, num nível em que seja inevitável enxergar um propósito. Essa é simplesmente uma das chaves para a paz de espírito. Tente descobrir o que é importante para você, aquilo que abastece seu coração e que povoa seus mais belos sonhos.

"É melhor ser desprezado por viver com simplicidade do que ser torturado por viver em permanente simulação."

Também quero adicionar o quanto é fundamental aceitar de uma vez por todas que a vida é feita de ciclos. Tudo que começa termina. Tudo aquilo que tem vida um dia morrerá. Nossa trajetória é repleta de chegadas e de partidas; não é interessante nem inteligente acreditar que somos capazes de impedir tais processos. Todo ciclo acaba, então, aprenda, cresça e siga para o próximo. Abrace o novo, com a maturidade e a força que você nunca teve. Na melhor versão de si.

A jornada para a paz de espírito e a saúde mental é de longo prazo, não uma solução rápida e imediata, mas todos são capazes de encontrar a calma e a serenidade de que tanto necessitam.

Uma última coisa: *"Apressa-te a viver bem e pensa que cada dia é, por si só, uma vida"*.

SANTO AGOSTINHO

Agostinho de Hipona foi um dos referenciais intelectuais da Idade Média e um dos mais influentes teólogos do cristianismo. Nascido em Tagaste, na Numídia (atual Argélia), em 354 d.C., Agostinho teve uma vida cheia de desafios e conflitos. Ele foi um homem dividido entre a razão e a fé, a carne e o espírito, o mundo e Deus.

Ele passou a juventude envolvido em atividades mundanas e pecaminosas, mas foi por intermédio de sua mãe, Santa Mônica, que se converteu ao cristianismo e acabou se tornando um dos mais importantes líderes religiosos de todos os tempos. Sua obra é extensa e inclui tratados filosóficos, teológicos, políticos e éticos, além de ser um importante defensor da doutrina católica.

Sua obra mais famosa é *Confissões*, um livro autobiográfico que relata sua jornada espiritual e intelectual, desde a infância até sua conversão ao cristianismo. Nele, Agostinho expõe suas lutas espirituais, suas dúvidas, seus erros e suas vitórias. O livro é considerado uma obra-prima da literatura mundial e uma fonte de inspiração para milhões de leitores.

Além de *Confissões*, Agostinho escreveu inúmeras obras importantes, como *A cidade de Deus*, que discute a relação entre a cidade terrena e a cidade celestial; *A Trindade*, que aborda o mistério dessa doutrina central da fé cristã, que ensina que há um único Deus em três pessoas distintas: o Pai, o Filho e o Espírito Santo. É um mistério de fé que ultrapassa a compreensão humana, mas é revelado por Deus através das Sagradas Escrituras e da tradição da Igreja.

O Pai é o criador do universo, o Filho é o Salvador do mundo e o Espírito Santo é o santificador da Igreja. Cada pessoa da Trindade possui uma relação única com a humanidade e com a criação, mas todas as três trabalham em conjunto em perfeita unidade para realizar a vontade de Deus.

A doutrina da Santíssima Trindade é essencial para a compreensão da salvação e da vida cristã. Ela reforça a importância da comunhão com Deus e com os irmãos em Cristo e a necessidade de buscar a santidade através da ação do Espírito Santo, assunto que é analisado pelo filósofo em um livro intitulado *Sobre a graça e o livre arbítrio*.

Agostinho foi um pensador original e influente, que teve um papel fundamental na formação do pensamento medieval e no desenvolvimento do cristianismo ocidental. Seu legado inclui contribuições importantes para a filosofia, a teologia, a ética e a política, além de ter influenciado pensadores como Tomás de Aquino, Martinho Lutero e João Calvino.

"A medida do amor é amar sem medida."

A obra de Santo Agostinho expressa a capacidade humana de se superar e buscar a sabedoria em meio às incertezas e contradições da vida. Agostinho nos ensina que a razão e a fé não são opostas, mas complementares, e que a busca pela verdade e pelo bem deve ser constante, obstinada e perseverante.

VEJO TANTA MALDADE POR TODA PARTE. DEVO ME DESESPERAR OU FAZER DE CONTA QUE ESTÁ TUDO BEM?

Você se encontra em um jardim tranquilo e bem cuidado, cercado por arbustos floridos e árvores frondosas. Ao fundo, você vê uma construção antiga e majestosa, que parece ser uma igreja ou um mosteiro. Você se sente em paz e em harmonia com a natureza ao seu redor.

De repente, acaba percebendo a aproximação de um homem de estatura média, de cabelos grisalhos e vestes sacerdotais. Ele se apresenta como Santo Agostinho, o Bispo de Hipona, e convida você para uma conversa.

Você aceita o convite e segue com ele para um pequeno pátio de pedra, cercado por canteiros de flores e vasos de plantas. No centro do pátio, há uma fonte de pedra, com água cristalina jorrando suavemente.

Santo Agostinho se senta em uma cadeira de madeira antiga e convida você a sentar-se em outra cadeira ao lado dele. Ele tem um sorriso amigável e uma expressão serena em seu rosto enrugado. Ao ser questionado, ele logo inicia sua reflexão.

Sempre fui curioso, inquieto e estudioso. Em virtude disso, busquei e me aprofundei nos estudos de obras elaboradas por grandes intelectuais, da Antiguidade em especial. Uma quantidade de ideias capazes de impulsionar qualquer jornada filosófica. É que a inteligência humana consegue ser ao mesmo tempo fascinante e enigmática. Pare para pensar nas importantes descobertas que foram feitas e nas várias ferramentas e teorias que foram criadas a partir do poder do intelecto humano.

Passei da condição de estudioso para a de adepto de determinadas reflexões – aquelas que geravam satisfação lógica e que para mim faziam total sentido. Mas com o tempo pude identificar que a razão, embora fantástica, não dava conta de todas as coisas. Como se existisse algo para além de nosso entendimento. E isso me intrigava demais.

Posso dizer que, de modo totalmente inesperado, foi a partir de uma experiência religiosa que meus olhos verdadeiramente se abriram e que eu pude começar realmente a compreender as coisas.

Como seu amigo e irmão, a partir das minhas experiências, eu, Santo Agostinho, vou compartilhar alguns conselhos para que você tenha discernimento suficiente para poder lidar da melhor maneira com a maldade e enxergar com fé o caminho da bondade. Esse é um dos maiores dilemas da sociedade e pode ser o seu.

"No que diz respeito a todas as coisas que compreendemos, não consultamos a voz de quem fala, a qual soa de fora, mas a verdade que dentro de nós preside à própria mente, incitados talvez pela palavra a consultá-la."

É claro que precisamos ser estimulados por palavras e ensinamentos externos, mas a verdadeira compreensão só pode vir de uma reflexão profunda e pessoal. A voz de quem fala pode ser importante, mas só terá valor se a verdadeira compreensão for alcançada dentro de nós mesmos.

Por isso, é importante sempre buscar conhecimento e sabedoria, mas nunca se esquecer de que a verdadeira compreensão vem da reflexão pessoal e profunda. É preciso estar aberto a novas ideias e perspectivas, mas sempre buscando a verdade que reside em nossa própria mente.

É importante que você saiba que muitas ideias filosóficas não são fáceis de compreender a partir de uma mera leitura superficial. A filosofia é uma disciplina que requer reflexão, análise e um certo grau de paciência para realmente entender e apreciar seus conceitos e suas ideias.

No entanto, é igualmente importante ressaltar que todos nós somos capazes de filosofar e de ter entendimento. Não é necessário ser um acadêmico ou um especialista em filosofia para apreciar seus conceitos e ideias.

Por mais que possa parecer difícil ou até confuso, quero que saiba que a maldade se manifesta frequentemente no mundo, e isso é inegável. Infelizmente, a violência, a intolerância, o racismo, a homofobia, o feminicídio, a corrupção e a desigualdade social são apenas algumas das manifestações dessa maldade.

É triste constatar que, mesmo após tantos anos desde que eu caminhei sobre a Terra, ainda presenciamos atos tão cruéis e desumanos. O ser humano é capaz de cometer as mais terríveis atrocidades contra o seu semelhante, muitas vezes justificando suas ações em nome de ideais, crenças ou interesses egoístas.

Santo Agostinho

Infelizmente, a sociedade moderna parece cada vez mais tolerante com esses comportamentos, o que agrava ainda mais a situação. É preciso que cada um de nós se posicione contra essas injustiças e se esforce para promover a paz e a harmonia entre todos os seres humanos.

É verdade que nem sempre é fácil identificar a maldade e combatê-la. Por vezes, é necessário um esforço maior de reflexão e autoconhecimento para compreender nossas próprias limitações e superar nossas fraquezas. No entanto, não devemos nos resignar diante desses problemas, mas sim buscar soluções e lutar por um mundo melhor. Porém, a maldade não deve ser tomada como algo inerente à natureza humana. Ela é, na verdade, fruto da escolha dos próprios indivíduos, e não da criação divina.

Aqui quero chamar a sua atenção para essa relação entre o "lá fora", comportamentos marcados pela conivência com a falta de ética e humanidade, num meio social contaminado pela maldade, e o "aqui dentro de nós" que, embora possa ser atingido pela negatividade, possui um núcleo poderosíssimo constituído pelo bem, a própria luz divina. Busque essa conexão interna, ela sempre vai sinalizar algo relevante sobre a verdadeira virtude e tornará o caminho da verdade mais visível, te ajudando a resistir às tentações da maldade. Acredite! O bem está dentro de nós, independentemente do que aconteça ao nosso redor.

"Se não podes entender, crê para que entendas. A fé precede, o intelecto segue."

Em hipótese alguma cogite desistir de acreditar no bem. Platão dizia que todas as almas são boas, mas as paixões humanas acabam fazendo com que muitos se desviem do caminho. Eu afirmo que assim como você, todos que o cercam são pessoas boas. A questão é que a fé deveria ser a nossa principal bússola e arma na luta contra a maldade, pois ela nos aproxima de Deus, que é a própria essência do bem e do amor. Assim, confie em Deus e na sua presença em cada um de nós.

Diante disso, espero de coração que você não se esqueça de perdoar e de praticar a misericórdia todos os dias de sua vida. Esteja sempre atento e lúcido o suficiente para aceitar que a maldade alheia, por mais implacável e assustadora que seja, não deve impedir que você se mantenha puro de coração, como portador genuíno da luz e do amor. Fique firme na visão de que: o perdão liberta a alma e fortalece a fé no bem.

Como Jesus nos ensinou em Mateus 5:7-9, faço questão de reforçar aqui: "Bem-aventurados os misericordiosos, pois terão misericórdia. Bem-aventurados os puros de coração, pois verão a Deus. Bem-aventurados os pacificadores, pois serão chamados filhos de Deus".

Aprendi que a luta contra a maldade é árdua e constante, até porque ela não só fere, como também seduz, mas a fé e o amor são mais fortes e vencem sempre. Aja de acordo e não desista de buscar o bem.

Meu caro amigo, é compreensível que diante da presença constante da maldade em nosso cotidiano você se sinta angustiado e sem saber como agir. Mas permita-me dizer que essa é uma questão que tem sido objeto de reflexão desde os tempos mais remotos da filosofia e da teologia. Em todo caso, não se prive de praticar a caridade pelo simples receio de não alcançar reconhecimento, pois a bondade não deve ser usada como moeda de troca. Também não tenha medo de ser diferente dos maus pelo receio de qualquer tipo de julgamento, pois aquele que o julgar terá virado as costas para a luz. Em todo caso, faça a diferença. Não seja a doença, seja parte da cura!

Acredito que uma das mais nobres virtudes que devemos cultivar é a de ser a mudança que queremos ver no mundo. O exemplo de Mahatma Gandhi é inspirador nesse sentido. Ele enfrentou a violência e a opressão com a força da não violência e da resistência pacífica, mostrando que podemos transformar o mundo a partir das nossas ações e escolhas.

Se quisermos mudanças positivas na sociedade, não podemos apenas esperar que os outros façam algo, ou culpar os governantes, as instituições, a cultura ou a tradição. Precisamos ser agentes da transformação, começando por nós mesmos e espalhando essa transformação para as pessoas à nossa volta.

Santo Agostinho

Não é fácil ser a mudança que queremos ver no mundo, pois exige uma mudança interna profunda, um olhar crítico sobre nossas próprias atitudes e comportamentos, e um compromisso constante com a justiça, a paz, a solidariedade e a empatia. No entanto, é possível, e cada pequena ação positiva que realizamos pode causar um efeito cascata, inspirando outras pessoas a fazerem o mesmo.

"Ama e faz o que quiseres. Se calares, calarás com amor; se gritares, gritarás com amor; se corrigires, corrigirás com amor; se perdoares, perdoarás com amor. Se tiveres o amor enraizado em ti, nenhuma coisa senão o amor serão os teus frutos."

Santo Agostinho

NICOLAU MAQUIAVEL

Nicolau Maquiavel, mais conhecido apenas como Maquiavel, foi um escritor, diplomata, historiador e notável filósofo político do Renascimento italiano. Nascido em 1469, na cidade de Florença, viveu em uma época turbulenta, marcada por conflitos entre cidades italianas, invasões estrangeiras e a luta pelo poder entre as famílias nobres.

Aos 29 anos, Maquiavel entrou para a vida pública e foi nomeado secretário da Segunda Chancelaria de Florença. Nessa função, ele teve a oportunidade de viajar pela Europa, onde teve contato com os grandes pensadores e líderes políticos da época. Ao retornar a Florença, Maquiavel se tornou uma figura influente no governo e passou a se dedicar à escrita de seus textos.

Sua obra mais conhecida, *O príncipe*, foi escrita em 1513 e é considerada uma das mais importantes da literatura política ocidental. Nela, Maquiavel apresenta sua visão sobre a natureza humana e a política, defendendo a ideia de que o governante deve estar acima da moral e dos valores tradicionais e deve fazer o que for necessário para manter o poder e a estabilidade do Estado.

Além de *O príncipe*, Maquiavel escreveu outras obras importantes, como os *Discursos sobre a primeira década de Tito Lívio*, em que discute a importância da república como forma de governo, e *A arte da guerra*, em que apresenta suas ideias sobre estratégia militar.

A influência de Maquiavel na política e no pensamento ocidental é inegável. Seus escritos foram amplamente lidos e discutidos ao longo dos séculos, e suas ideias influenciaram ações políticas e revoluções. Porém, sua obra também foi alvo de críticas e acusações de imoralidade, especialmente por sua defesa do uso da crueldade como forma de manter o poder.

Uma curiosidade sobre Maquiavel é que, apesar de ser lembrado como um pensador político, ele também era um poeta talentoso e escreveu várias peças teatrais. Além disso, era um grande admirador de Leonardo da Vinci e chegou a trocar correspondências com o artista.

EU TENTO SER LEGAL, MAS AS PESSOAS VIVEM ME FAZENDO DE TROUXA. NÃO É JUSTO! COMO FAÇO PARA MUDAR ISSO?

Você entra em uma biblioteca antiga e imponente, com estantes repletas de livros que vão do chão ao teto. No centro da sala, há uma mesa de madeira escura com duas cadeiras. Você se senta em uma delas e espera pelo seu convidado. Em poucos minutos, um homem com aparência austera e séria entra na sala. Ele é alto e esguio, com cabelos escuros e longos que caem sobre seus ombros. Seus olhos são penetrantes e parecem examiná-lo minuciosamente. Ele se apresenta como Nicolau Maquiavel, e você sabe que está prestes a ter uma conversa com um dos mais importantes filósofos políticos da história.

O caminho para virar esse jogo começa no entendimento e na aceitação de que a vida em sociedade não passa efetivamente de um jogo. Sei que parece um tipo de pensamento um tanto quanto incômodo. Bem, deixe-me explicar como enxergo essa questão. Claro, em um jogo, o objetivo é vencer a todo custo, certo? Mas a vida em sociedade não pode ser vista como uma batalha constante, na qual o mais forte e o mais esperto vencem sempre. Isso pode gerar problemas graves, como falta de empatia e de respeito pelos outros, além de criar uma atmosfera de desconfiança e desunião.

Quando as pessoas começam a agir como se a vida fosse um jogo, em que tudo vale para ganhar, é possível que sejam tomadas medidas extremas, que não levem em consideração as consequências ou os impactos em outras pessoas. Esse tipo de pensamento pode levar ao individualismo e à falta de cooperação entre os membros da sociedade, o que acaba gerando um ambiente hostil e desagradável para todos. Contudo, as pessoas dificilmente acreditam que seus problemas são provenientes de seus próprios erros. Mas vamos lá, eu explico melhor.

Não é algo novo na história humana a necessidade e a importância de compreender, de um modo geral, quem somos. É preciso abdicar do romantismo, abraçar o realismo e assumir que não somos bons nem maus, na medida em que somos movidos por interesses particulares.

"Todos veem o que você parece ser, mas poucos sabem o que você realmente é."

Espero que não se assuste quando olhar ao redor, para as pessoas que o cercam, e perceber que muitos (para não dizer todos) são hipócritas, traiçoeiros e vingativos. Como se a convivência fosse na verdade um grande baile de máscaras, onde é preciso ter habilidade para não revelar quem de fato somos, nem quais são os nossos reais interesses.

A vida em sociedade não é outra coisa, senão puro jogo político. Não é preciso grande esforço para visualizar alianças, trocas de favores, corrupção e muitas pessoas usando e sendo usadas. É a vida, com todas as suas sórdidas nuances.

Em suma: jogue o jogo! Caso contrário, você sempre sairá perdendo e sendo feito de trouxa!

Nessa linha de pensamento, é preciso estar sempre blindado, desconfiando de tudo e de todos. Outro ponto fundamental é não compartilhar informações que só dizem respeito a você e que, portanto, deveriam estar apenas com você e não com terceiros, por mais amigáveis que possam parecer.

Reconheço que em algumas circunstâncias somos seduzidos a baixar a guarda, principalmente quando estamos sendo guiados por bons sentimentos. Contudo, você precisa ter em mente que cada um está batalhando pelos seus desejos pessoais. Pouco importa o tempo de convivência, experiências passadas ou supostas provas de lealdade. Para ser ainda mais claro: se quiser ser fiel a alguém, seja fiel exclusivamente a si mesmo.

"Tornamo-nos odiados tanto fazendo o bem como fazendo o mal."

A hipocrisia reina e, com ela, um conjunto de súditos sem integridade alguma. Tudo isso em nome do mais puro egoísmo, em que as relações que são construídas com base naquilo que é conveniente. Tanto que, quando o individualismo é atingido e o inconveniente aparece, relações são desfeitas e pessoas são jogadas fora, sem muitos protocolos ou cerimônias.

Seja astuto como a raposa e forte como o leão. O que quero dizer com isso? Saiba dialogar e ter jogo de cintura quando for o momento certo. É preciso observar cuidadosamente o contexto e identificar as forças em jogo. Em alguns casos, pode ser necessário agir com força e agressividade como um leão, enquanto em outros a melhor estratégia pode ser a de uma raposa astuta e cautelosa. Não há uma fórmula mágica para determinar qual papel desempenhar em cada situação. É preciso avaliar a conjuntura, entender as motivações das outras pessoas envolvidas e adaptar a estratégia de acordo com as circunstâncias. Sem abrir mão de ser firme e, até certo ponto, cruel, dependendo da situação. Tenha paciência e identifique inclusive a dose certa de cada postura. Digo isso porque conheço muitos que fracassaram por serem flexíveis quando o momento exigia firmeza, ou por serem agressivos quando as soluções viriam da capacidade de negociação.

"Infelizes os que, pelo modo de agir, estão em desacordo com o tempo."

Siga em conformidade com as exigências do momento, mas jamais seja omisso, pois o que está em questão é a manutenção da sua posição como protagonista. Aqui não adianta ser um procrastinador, nem agir movido por meros impulsos. Não tome decisões devagar demais nem rápido demais.

Em disputas pelo poder, é fundamental que você mantenha o foco em seus próprios planos e projetos, para que eles não sejam sobrepostos pelos dos outros e você acabe sendo prejudicado. Caso decida ceder em algum momento, esteja ciente de que poderá ser usado por aqueles que são mais firmes e decididos em seus objetivos. Lembre-se sempre de que, em um jogo político, é preciso estar um passo à frente e agir com astúcia e estratégia para garantir a sua posição de poder.

Faça um acordo consigo mesmo para nunca mais se submeter, nem se inferiorizar diante de ninguém. Você pode até se fazer de útil em algum momento, mas que isso não comprometa sua dignidade, colocando-o na condição de peça no tabuleiro do jogo alheio.

Procure expandir o seu nível de poder e influência, principalmente analisando os passos dos outros, identificando suas motivações e seus propósitos.

"Os homens têm menos escrúpulos em ofender quem se faz amar do que quem se faz temer, pois o amor é mantido por vínculos de gratidão que se rompem quando deixam de ser necessários, já que os homens são egoístas; mas o temor é mantido pelo medo do castigo, que nunca falha."

Costumo dizer que é melhor ser temido do que amado. Entretanto, permita-me fazer uma observação necessária: o indivíduo que é amado se mostra dependente da vontade dos outros, enquanto aquele que é temido depende apenas de suas atitudes. Por isso, acrescento aqui o que pode ser tratado como um mandamento: nunca perca o autorrespeito.

Diariamente será preciso lidar com problemas e com os seus inimigos. Embora você não tenha plantado nenhum dos dois, a colheita sempre virá ao amanhecer. Mesmo assim, não existe motivo suficiente para sustentar o desespero, já que em sua mente deve ficar claro que o melhor remédio para combater certos incômodos e provocações é o desprezo.

Se tiver que tomar algumas atitudes impopulares e até mesmo desagradáveis, tente acumulá-las o máximo possível, de modo que as medidas sejam adotadas num só golpe. Já no que diz respeito ao que consideram bondade, divida, fragmente e execute gradativamente. Assim, você poderá condicionar os que o cercam a enxergá-lo como justo e admirável.

Parece que o jogo virou, não é mesmo?

BARUCH ESPINOSA

Benedictus de Espinosa, ou Baruch Espinosa, foi um admirável filósofo do século XVII. Nascido em 1632 em Amsterdã, Espinosa viveu em uma época muito conturbada, marcada por conflitos religiosos, políticos e sociais. Sua obra filosófica, marcada por uma abordagem predominantemente racionalista, foi fundamental para a formação do pensamento moderno.

Filho de uma família judia portuguesa, Espinosa cresceu em um ambiente culturalmente diverso e multilíngue. Seu pai era comerciante, e sua mãe morreu quando ele ainda era jovem. Apesar de ter recebido uma educação religiosa tradicional, Espinosa começou a questionar as crenças e tradições judaicas desde cedo, o que era no mínimo perigoso.

Aos 23 anos, acabou sendo expulso da comunidade judaica de Amsterdã por suas ideias consideradas heréticas. Ele então se dedicou à filosofia e passou a viver de forma discreta.

Sua obra mais conhecida, *Ética*, foi publicada postumamente em 1677. Nela, Espinosa apresenta sua filosofia, baseada em uma abordagem racionalista, que busca entender a natureza e a existência de Deus, a relação entre mente e corpo e a natureza do livre-arbítrio.

A influência de Espinosa na filosofia é inegável. Sua obra inspirou pensadores como Kant, Nietzsche, Hegel e Deleuze e é considerada uma das mais importantes de toda a história da filosofia.

Além de sua obra filosófica, Espinosa trabalhou como polidor de lentes para poder se sustentar e ficou conhecido por sua habilidade no ofício, que era uma atividade fundamental para a fabricação de telescópios na época. Ele chegou a ter uma pequena oficina de polimento de lentes e até fabricou algumas peças para vários cientistas de seu tempo.

Uma curiosidade sobre Espinosa é que ele acreditava na igualdade entre homens e mulheres, algo bastante incomum para a época em que viveu. Ele defendia a ideia de que homens e mulheres tinham os mesmos direitos e deveres na sociedade, e que a discriminação de gênero era injusta e irracional.

ACHO QUE SOU INSTÁVEL EMOCIONALMENTE E NÃO SEI COMO LIDAR COM MEUS SENTIMENTOS. O QUE FAZER?

Você está caminhando por um bosque exuberante, com árvores altas e espessas ao seu redor. A luz do sol entra através das folhas, criando sombras e reflexos que dançam no chão. Enquanto caminha, você nota um homem magro e alto sentado em uma clareira, com um livro em mãos.

Ao se aproximar, você percebe que se trata de Baruch Espinosa, o filósofo holandês do século XVII. Ele tem cabelos longos e encaracolados, que descem em cascata até os ombros. Seus olhos são escuros e profundos e parecem refletir uma sabedoria e uma compreensão profunda do mundo.

Espinosa está vestido com roupas simples e práticas, uma túnica preta e calças escuras. Ele parece completamente imerso em seu livro, mas, ao notar sua presença, ele levanta a cabeça e sorri. "Olá", ele diz com uma voz suave e profunda. "Está pronto para filosofar?"

Não sei se você já parou para pensar sobre o lugar que ocupa no universo. Não estou certo quanto ao fato de ter refletido em algum momento sobre suas escolhas. Também não faço ideia de como lida com suas emoções. Entretanto, esses são dilemas que golpeiam qualquer pessoa, por vezes de forma inesperada.

"Um afeto não pode ser refreado nem anulado senão por um afeto contrário e mais forte do que o afeto a ser refreado."

Espero que tome consciência de que dentro de você jorra uma energia que o impulsiona a viver. Um combustível que lhe permite sorrir, chorar, dormir, acordar, sonhar e sofrer. Tal potência flui através de cada parte de seu corpo, movendo e fazendo com que você seja a pessoa que você é.

Só que essa força é instável. Por vezes, acordamos sem ânimo algum, mas logo em seguida iniciamos a jornada diária com certa disposição. Em diversos momentos do dia ou da semana, percebemos oscilações, como se esse apetite pela vida funcionasse como as águas de um grande oceano.

"A alegria é a passagem para um estado mais potente do próprio ser."

Nós temos apenas uma ideia de liberdade porque estamos conscientes de nossas ações, mas na maioria das vezes somos ignorantes quando o assunto é a causa. Sempre agimos buscando algum resultado, sempre limitados pelas possibilidades. Logo, nossa liberdade não significa fazer tudo aquilo que queremos, mas o que podemos.

Mas voltando ao cerne do dilema, se você se sente instável emocionalmente, espero que possa desconstruir sua visão atual sobre a questão. Permita-me ressaltar que as emoções são trações naturais da existência humana, e é compreensível que possamos experimentá-las de maneira intensa, de forma agradável e desagradável. No entanto, há um jeito de encontrar certo nível de equilíbrio e paz interior, mesmo nas situações mais difíceis.

"A atividade mais importante que um ser humano pode alcançar é aprender a entender, porque entender é ser livre."

A chave para a estabilidade emocional está precisamente na compreensão da natureza da realidade e na aplicação desta compreensão em nossas vidas. Quero que você reflita e entenda que tudo o que existe é parte de uma substância única e divina, e, portanto, todas as coisas estão interligadas e determinadas pelas leis naturais.

Quero acrescentar que não contamos com um Deus que atue como "pai" ou "criador". Prefiro pensar que a figura divina é a própria natureza, o que entendemos como imanência. Todas as coisas decorrem dela, ela é a causa de tudo. Assim, Deus não é movido por nada além de si mesmo, sem ser afetado ou coagido por quem quer que seja, o único dotado de liberdade de fato.

"Não queremos algo porque é bom, e sim o contrário. Dizemos que algo é bom porque o desejamos."

Lidar com as emoções é uma parte importante da vida humana. É natural e comum sentir-se instável emocionalmente em algum momento da vida, e isso pode ser vivenciado de diferentes formas no cotidiano.

No entanto, para lidar com essa questão, é preciso começar com uma autoanálise para entender melhor as emoções e sentimentos que estão por trás dessa instabilidade emocional. Isso envolve identificar a causa raiz dos seus sentimentos e emoções e refletir sobre como eles estão afetando a sua vida.

A partir daí, é possível buscar ajuda de profissionais que possam oferecer ferramentas e técnicas para lidar com a instabilidade emocional, como terapia ou meditação, por exemplo. Outra abordagem é aprender a desenvolver uma maior resiliência emocional, que pode ser construída por meio de práticas diárias que ajudam a lidar com o estresse e as emoções negativas.

No cotidiano, a instabilidade emocional pode se manifestar de diversas formas, por exemplo, alterações frequentes de humor, falta de motivação ou energia, dificuldade em lidar com situações de estresse, entre outras. No entanto, é importante lembrar que essas emoções são naturais e não há problema em senti-las. O que importa é aprender a lidar com elas de forma saudável.

Com essa compreensão, podemos ver que nossas emoções são resultado das circunstâncias que nos cercam e não refletem a essência da nossa existência, ainda que, no momento, condições favoráveis ou adversas, conquistas e fracassos, além das atitudes dos outros, sejam capazes de atingir nossa potência de viver, movimentando o que já é como um mar agitado. Somos racionais e, portanto, capazes de enxergar tudo isso, identificando gatilhos e experimentando a quebra das cadeias do sofrimento emocional, concentrando-nos nas verdades universais e no conhecimento a respeito da natureza divina.

Eu sugiro que você comece a cultivar uma atitude de gratidão e aceitação pelas coisas como elas são e que busque compreender a lógica por trás das situações que constituem cada episódio de sua existência. Isso o ajudará a encontrar lucidez e clareza e a superar as dificuldades emocionais com mais facilidade.

A verdadeira estabilidade emocional vem de dentro de nós, e a busca por conhecimento e compreensão é a chave para alcançá-la. Confie em si mesmo e na razão, e você não será mais refém daquilo que o perturba.

RENÉ DESCARTES

René Descartes foi um filósofo, matemático e cientista francês que nasceu em 1596 e é conhecido como o pai do pensamento moderno. Grande ícone do chamado racionalismo, ele é amplamente considerado um dos mais influentes pensadores da história da filosofia e da ciência.

Ele era filho de Joachim Descartes, advogado e juiz local, e de Jeanne Brochard, filha de um membro do Parlamento de Rennes. Ele tinha um irmão mais velho, Pierre, e uma irmã mais nova, Jeanne. A mãe de Descartes morreu quando ele tinha apenas um ano de idade, e seu pai se casou novamente com uma mulher chamada Anne Morin.

Ainda jovem, Descartes foi enviado para estudar no colégio jesuíta de La Flèche, onde estudou filosofia, matemática e física. Ele completou seus estudos em 1614 e passou a viajar pela Europa, servindo em vários exércitos e estudando com vários filósofos e matemáticos famosos da época.

Em relação ao seu sustento, Descartes viveu boa parte da sua vida graças à herança que recebeu de seu pai, que lhe proporcionou uma renda anual suficiente para se dedicar aos estudos e às suas pesquisas científicas. Além disso, ele também recebeu apoio financeiro de vários patronos ao longo de sua carreira.

Seu livro mais importante, *Meditações sobre a filosofia primeira*, foi publicado em 1641 e é tratado como um dos textos filosóficos mais importantes do século XVII. Nele, Descartes questiona tudo o que ele já havia aprendido e chega à famosa conclusão "penso, logo existo". Esse princípio é conhecido como a base fundamental da dúvida metódica e é o ponto de partida para todo o pensamento filosófico moderno.

Além disso, Descartes também foi um dos primeiros a usar uma representação gráfica dos conceitos matemáticos, conhecida como o sistema de coordenadas cartesianas. Esse sistema permitiu a união da geometria e da álgebra, tornando possível a resolução de equações matemáticas de maneira mais clara e eficiente.

O legado de Descartes vai além de tudo o que ele fez pela filosofia e de suas notáveis contribuições matemáticas. Ele foi também um dos primeiros a separar claramente a ciência da religião e a defender a importância da razão e do pensamento crítico. Sua abordagem metódica e objetiva de investigação científica e sua defesa da liberdade de pensamento e expressão ajudaram a moldar a modernidade.

É bem evidente que a trajetória de René Descartes causou impactos importantíssimos na história da filosofia, matemática e ciência, e sua forma de pensar continua a ser relevante dentro e fora do âmbito acadêmico. Suas ideias provocadoras e seu pensamento rigoroso ainda são estudados e debatidos até hoje, tornando-o um dos mais destacados pensadores da história.

....

NUMA REALIDADE MARCADA PELA PÓS-VERDADE E PELA PROPAGAÇÃO DE FAKE NEWS, NÃO FAÇO A MENOR IDEIA SE O QUE AS PESSOAS ME FALAM SOBRE O QUE PENSAM OU SOBRE O QUE SENTEM É VERDADE. POSSO FAZER ALGO A RESPEITO DISSO? SERÁ QUE EXISTE VERDADE EM ALGUM LUGAR?

....

Você está em uma pequena livraria em Paris, folheando um livro de filosofia, quando percebe um homem alto e magro se aproximar.

Ele tem um rosto sério e olhos penetrantes, e você instantaneamente reconhece o famoso filósofo René Descartes. Ele usa um chapéu preto de aba larga e um casaco escuro, e o cabelo e a barba estão bem arrumados.

Descartes se aproxima de você e o cumprimenta educadamente. Ele parece um pouco tímido, mas ao mesmo tempo interessado em conversar. Vocês sentam a uma mesa pequena e iluminada por uma vela, cercados por estantes cheias de livros. O ambiente é aconchegante e silencioso, perfeito para uma conversa intelectual.

Não sei se serve de alento, mas o fato de se encontrar nessa condição um tanto quanto perturbadora, de dúvida sobre a verdade dos fatos e de tudo aquilo que os outros falam e fazem, não se trata necessariamente de um fenômeno que atinge apenas você. O fato é que a maioria de nós, em algum momento da vida, foi bombardeada pela incerteza quanto à verdade e à autenticidade do que nos é apresentado. No entanto, quero trazer tranquilidade à nossa conversa afirmando que há uma solução para esse grande dilema.

Como filósofo, acredito que a melhor maneira de lidar com *fake news* é através do método científico, baseado na razão e na evidência. Isso implica em questionar e verificar as informações que recebemos antes de compartilhá-las ou tomá-las como verdadeiras.

Infelizmente, vivemos em um mundo marcado pelo imediatismo e pelo uso excessivo das redes sociais, o que torna mais fácil a disseminação de informações falsas. Portanto, é importante ter consciência de que nem tudo o que é compartilhado na internet é verdadeiro e que é necessário investigar a fonte e a veracidade das informações antes de divulgá-las.

Além disso, é importante estar atento aos nossos próprios preconceitos e vieses, que podem nos levar a acreditar em informações falsas que confirmam nossas crenças e opiniões preexistentes.

"*Há já algum tempo eu me apercebi de que, desde meus primeiros anos, recebera muitas falsas opiniões como verdadeiras, e de que aquilo que depois eu fundei em princípios tão mal assegurados não podia ser senão mui duvidoso e incerto. Era necessário tentar seriamente, uma vez em minha vida, desfazer-me de todas as opiniões a que até então dera crédito, e começar tudo novamente a fim de estabelecer um saber firme e inabalável."*

Permita-me compartilhar aqui o método de dúvida metódica que eu mesmo criei e desenvolvi; assim que o adotei, configurei minha mente de forma cética. Esse método consiste em colocar um ponto de interrogação em tudo o que você aprendeu e acredita e aceitar como verdadeiro somente aquilo que você pode comprovar por si mesmo, através da razão e da evidência. Só assim, através de uma maneira radicalmente lógica de processar informações, você pode chegar à verdade de maneira objetiva e confiável.

O senso comum pode ser um grande obstáculo, já que ele se alimenta de visões superficiais acerca de inúmeras coisas, além de não exigir provas e tomar como digno de credibilidade o que é aceito pela maioria.

As crenças também podem tentar manipular até o mais forte dos intelectos. Em virtude disso, a clareza do pensar precisa prevalecer, revelando que aquilo em que acreditamos muitas vezes não é racional, nem corresponde à realidade.

É importante lembrar que muitas vezes estamos expostos a informações que são filtradas de acordo com nossas preferências pessoais, criando bolhas sociais nas quais recebemos conteúdos que confirmam nossas crenças e opiniões preexistentes, o que dificulta a construção de uma visão ampla e diversificada da realidade.

Por isso, é importante ter consciência dessas limitações e buscar diversificar suas fontes, ouvir diferentes perspectivas e estar aberto a mudar de opinião.

"Não há nada que dominemos inteiramente, a não ser os nossos pensamentos."

A verdade é algo valioso e deve ser buscada com determinação e honestidade, sem se deixar corromper pelas emoções ou fantasias. Procure não se deixar levar por opiniões rasas, odiosas, cheias de contradições, tampouco por simples aparências. A verdade é encontrada através da reflexão profunda e da investigação rigorosa.

E, acima de tudo, tenha coragem para seguir sua própria razão e seus próprios pensamentos. Não se submeta às opiniões dos outros, nem se deixe intimidar por qualquer tipo de pressão que a sociedade impuser. Siga sua razão e você encontrará a verdade de que tanto precisa.

IMMANUEL KANT

Immanuel Kant foi um grande filósofo que ficou conhecido por sua abordagem rigorosa e sistemática da filosofia. Nascido em 1724 na cidade de Königsberg, na província alemã da Prússia Oriental (região atual da Rússia), Kant viveu em uma época um tanto quanto turbulenta, marcada por profundas transformações sociais, políticas e culturais que influenciaram sua obra e seu pensamento de forma significativa.

Kant estudou filosofia na própria Universidade de Königsberg, onde se tornou professor de lógica e metafísica aos 32 anos. Sua obra filosófica é vasta e complexa, mas pode ser dividida em três períodos principais: o período pré-crítico, o período crítico e o período pós-crítico.

No período pré-crítico, que vai de 1746 a 1770, Kant desenvolveu sua filosofia a partir de uma abordagem que conectava aspectos racionalistas e empiristas, influenciado por pensadores como Leibniz, Descartes e Hume. Nessa fase, ele publicou obras como *Pensamentos sobre a verdadeira estimativa das forças vivas* e *Os sonhos de um visionário explicados pela metafísica*.

Já no chamado período crítico, que vai de 1781 a 1790, Kant publicou suas obras mais importantes, incluindo a *Crítica da razão pura*, a *Crítica da razão prática* e a *Crítica do juízo*. Nessas obras, ele propôs uma abordagem profunda da filosofia, que buscava analisar e questionar os pressupostos fundamentais do pensamento humano.

E no período pós-crítico, que vai de 1790 à sua morte em 1804, Kant se dedicou a outros temas, como a religião, a história e a política. Suas obras mais importantes desse período incluem *A religião nos limites da mera razão*, *Sobre a paz perpétua* e *A história universal*.

A influência de Kant na filosofia é enorme. Ele é considerado um dos principais representantes do idealismo alemão, e suas ideias influenciaram pensadores como Hegel, Schopenhauer e Nietzsche. Sua abordagem original, que busca compreender o funcionamento do intelecto humano, foi fundamental para o desenvolvimento da filosofia e da ciência moderna.

Além de sua obra filosófica, Kant também era conhecido por sua rotina diária rigorosa e disciplinada. Ele costumava acordar todos os dias às cinco da manhã, independentemente do clima ou da estação do ano. Após acordar, ele se dedicava à leitura por algumas horas, tanto de suas próprias obras quanto de outros filósofos. Em seguida, ia para a universidade, onde dava aulas e trabalhava em suas obras. Também tinha o hábito de caminhar todos os dias.

Um fato inusitado sobre Kant é que ele era bastante cuidadoso com sua alimentação. Ele evitava comer alimentos que considerava pesados ou que pudessem afetar sua saúde, como carne vermelha, queijo e vinho.

O QUE POSSO FAZER PARA EVITAR AS ARMADILHAS CRIADAS PELA SÍNDROME DO IMPOSTOR?

Você segue o caminho pelas ruas movimentadas da cidade, apreciando a arquitetura clássica dos prédios ao seu redor. A paisagem urbana começa a se transformar quando você se aproxima de uma área mais residencial, onde as ruas se tornam mais calmas e arborizadas. Você se aproxima de uma pequena praça, com bancos de madeira e árvores frondosas, onde pode ver uma figura idosa sentada, envolta em um manto escuro.

Conforme se aproxima, reconhece o filósofo Immanuel Kant. Ele tem uma aparência austera, com um rosto enrugado e um olhar atento. Ele o cumprimenta cordialmente e o convida a se sentar no banco ao lado dele.

O ambiente é calmo e sereno, com o som suave das folhas das árvores se movendo ao vento. Há poucas pessoas por perto, permitindo que vocês tenham uma conversa tranquila e profunda. Você sente que esse é um lugar especial, um refúgio para aqueles que buscam sabedoria e tranquilidade em meio ao caos da cidade. Um bom papo filosófico está prestes a começar.

Se o seu dilema for a sensação de que todos são capazes, exceto você, saiba que essa é uma crença limitante que precisa ser questionada. Todos nós temos habilidades e competências únicas, e é comum que nos comparemos com outras pessoas, mas isso não deve nos impedir de valorizar o que temos de melhor.

Em minha filosofia, defendo que cada ser humano tem sua própria dignidade e valor intrínsecos, independentemente de realizações ou fracassos externos. A síndrome do impostor surge quando uma pessoa não consegue reconhecer seu próprio valor e se sente inadequada, apesar de conquistas e méritos. Acredito que uma forma de superar essa síndrome é praticando o autodomínio da razão.

A razão é a capacidade de pensar, julgar e decidir com base em princípios universais e objetivos. Quando praticamos o autodomínio da razão, somos capazes de avaliar nossos pensamentos, emoções e comportamentos de forma crítica e imparcial, sem nos deixarmos levar pelas opiniões dos outros ou por sentimentos de inferioridade.

Além disso, sugiro que, em vez de nos concentrarmos exclusivamente em nossas fraquezas e falhas, também devemos reconhecer nossas forças e virtudes. Isso não significa ser arrogante ou narcisista, mas sim reconhecer nossas capacidades e potencialidades para agir de forma corajosa e em busca de nossos objetivos.

Todos os seres humanos possuem a mesma estrutura intelectual. Não existe ninguém mais racional ou menos racional. Os "compartimentos vazios" que formam nossas mentes são categoricamente os mesmos. O diferencial está nos conteúdos, que dependem das vivências e experiências de cada um.

"Sapere aude! *Tenha coragem de fazer uso do seu próprio entendimento.*"

Talvez seja o caso de você começar a buscar novas atividades, que agreguem e possam proporcionar outros aprendizados. Isso pode incluir a leitura de obras filosóficas, a prática de exercícios físicos que estimulem a disciplina e a autossuperação, a participação em grupos de discussão e debates sobre temas relevantes, o aprendizado de novos idiomas ou habilidades que ampliem sua compreensão do mundo e o engajamento em projetos que visem a melhoria da sociedade como um todo. Assim, com mais bagagem, você certamente ampliará horizontes e terá uma nova percepção sobre si mesmo.

Se deseja corrigir seus erros e viver daqui por diante de forma correta, acredito que posso ajudar compartilhando alguns conselhos pontuais que poderão auxiliar você nesse caminho.

Compreenda de uma vez por todas que o ser humano é limitado e que cometer equívocos e falhas e causar tristeza em alguém é parte natural do processo da vida. Estou dizendo isso não com o propósito de amenizar e fazer com que você se sinta melhor com suas quedas, mas para que não fique paralisado, se culpando excessivamente, e possa aprender importantes lições a partir dos próprios erros.

Saiba que a moralidade não é algo externo a nós, mas sim algo que deve ser trabalhado internamente. Portanto, ponha em prática os princípios morais universais, tais como a verdade, a justiça e a bondade, e permita que eles guiem suas ações e decisões. Como? Fazendo o que é correto, independentemente de emoções ou desejos pessoais.

Além disso, colocar-se no lugar do outro e pensar em como nossas ações afetarão as outras pessoas é uma boa maneira de exercer a justiça e a bondade. Devemos sempre tratar os outros como fins em si mesmos e não como meios para atingir nossos próprios fins.

Por fim, é importante lembrar que a construção de um mundo melhor começa com exemplos individuais. Se cada pessoa agir de acordo com princípios morais universais, então estaremos trabalhando juntos para criar um mundo mais justo e bondoso. Logo, tome cada ação sua como um exemplo a ser seguido por todos. Aqui vale refletir: se todas as pessoas, na mesma situação que a minha, fizessem exatamente o que estou prestes a fazer, o mundo seria melhor ou pior?

"Age sempre de tal modo que o teu comportamento possa vir a ser princípio de uma lei universal."

O que também vai te ajudar pra caramba é buscar sempre agir de acordo com a razão, e não se deixando levar pelos impulsos ou desejos momentâneos. Então, suas ações devem ser guiadas pela razão e pelo dever, e não pelo prazer ou pela satisfação imediata.

Nunca é demais salientar que a moralidade é uma jornada constante e que requer dedicação constante. Portanto, não desanime e continue se esforçando para ser uma pessoa melhor a cada dia.

"Toda reforma interior e toda mudança para melhor dependem exclusivamente da aplicação do nosso próprio esforço."

Observe ao seu redor quem se mostra incomodado com a honestidade e com a verdade. Se algum tipo de desconforto foi gerado em alguém, esse é um forte sintoma de hipocrisia e falta de caráter. Se for o caso, e você se sentir confortável com isso, poderá ser uma grande oportunidade até para ensinar algo, com paciência e humildade.

Mesmo com tais conselhos e sugestões, saiba que seu percurso só pode ser corrigido por você. A capacidade está aí, bem como as inspirações e belas motivações para prosseguir. Fique bem!

"Você é livre no momento em que não busca fora de si mesmo alguém para resolver os seus problemas."

ARTHUR SCHOPENHAUER

Arthur Schopenhauer, nascido em 1788 em Danzig, na Prússia (território onde hoje fica a Polônia), foi um intelectual privilegiado que deixou um vasto legado em diversas áreas do saber. Embora seja mais conhecido por sua visão pessimista da existência na filosofia, seus pensamentos também tiveram um impacto significativo na psicologia, literatura, música e arte expressionista do século XX. Vivendo em uma época socialmente delicada, podemos afirmar que Schopenhauer contribuiu para um entendimento mais amplo sobre o ser humano.

Schopenhauer estudou filosofia em diversas universidades europeias, incluindo a Universidade de Berlim e a Universidade de Jena. Sua obra é marcada por uma visão niilista, que leva em conta o "absurdo" que nos cerca.

Sua obra mais importante, *O mundo como vontade e representação*, foi publicada em 1818 e é considerada uma das mais influentes da filosofia moderna. Nela, Schopenhauer argumenta que a vontade é o elemento fundamental da existência humana e que a razão e a consciência são limitadas em sua capacidade de compreender e explicar o mundo.

Outras obras importantes de Schopenhauer incluem *A vontade de amar, Parerga e Paralipomena* e *Sobre a liberdade da vontade*. Nesses livros, ele aprofundou sua abordagem pessimista, argumentando que a vida é marcada pela dor, pelo sofrimento e pela insatisfação e que a única solução para esses problemas é a renúncia aos desejos e à vontade.

A relevância de Schopenhauer na filosofia é enorme. Ele é considerado não apenas um pessimista, mas o "pai do pessimismo", além de ter sido importante para o surgimento da psicologia, influenciando pensadores como Freud, Nietzsche e Wittgenstein.

Uma curiosidade sobre Schopenhauer é que ele era um grande amante da música. Tocava piano e violino e acreditava que a música era uma forma de arte superior às outras, capaz de expressar as emoções humanas de forma mais profunda e autêntica.

Outro fato interessante sobre Schopenhauer é que ele era um grande fã de animais. Acreditava que os animais eram seres sencientes, capazes de sentir dor e sofrimento, e defendia que eles deveriam ser tratados com respeito e compaixão.

························

ÀS VEZES FICO TRISTE E SÓ ENCONTRO MOTIVOS PARA PERMANECER ASSIM. O QUE FAZER PARA SAIR DA BAD?

························

Você se vê caminhando pelas ruas da cidade, pensando em seu livro de filosofia favorito, quando avista uma placa anunciando uma pequena livraria escondida na próxima rua. Curioso, você segue em direção à placa, atravessa uma passagem estreita e se depara com um pequeno pátio com bancos e jardins. À sua direita, uma porta de madeira convida você a entrar na livraria.

Ao entrar, se depara com prateleiras repletas de livros antigos e novos, espalhados em meio a cartazes de eventos culturais e obras de arte nas paredes. Uma fragrância de café e papel antigo enche o ar, misturando-se com o som suave de uma música clássica que toca ao fundo.

Você caminha pelas prateleiras quando nota um homem idoso, vestido com um terno preto e uma gravata branca, sentado em uma poltrona ao fundo da loja. Ele segura um livro e parece imerso em seus pensamentos. Ao se aproximar, você percebe que é o próprio Arthur Schopenhauer.

Diante da sua pergunta, o filósofo logo começa a refletir em voz alta...

Espero não estar logo de cara abalando suas expectativas, no entanto, preciso fazer este alerta: não fique fascinado por discursos puramente otimistas, pois eles estão cheios de ilusões, forçando a barra o tempo todo para mostrar apenas os aspectos mais agradáveis das coisas, como se tudo fosse assim, e o tempo todo, ainda por cima. Cair nesse tipo de armadilha só vai intensificar seu dilema. Por isso, espero que acorde mesmo!

"As pessoas comuns pensam apenas como passar o tempo. Uma pessoa inteligente tenta usar o tempo."

A vida é marcada por tédio, dor e sofrimento. Sei bem o que é ler esse tipo de coisa e meio que se "identificar". Talvez essa ideia esteja martelando aí na sua cabeça neste momento. Mas o fato é que se dar conta de tudo isso não nos torna meros casos isolados, até porque quem nunca sofreu e ficou nessa tal bad, não é mesmo?

Imagino que você não esperava ouvir algo diferente disso, principalmente vindo daquele que é considerado o "pai do pessimismo". Mas é bom ficar esperto, porque nem tudo que parece no mundo da filosofia e na vida em geral é de fato aquilo que supomos, num contato rápido e superficial. Quero dizer que, muitas vezes, quando pensamos em um pessimista, imediatamente associamos a pessoa a uma visão negativa ou triste. No entanto, nem sempre essa é a realidade.

Não defendo o abandono das belezas da vida, mas sim um meio de compreendê-la de maneira mais profunda, lúcida e consciente. Enxergar a natureza fundamentalmente dolorosa da vida é um passo importante para alcançar a sabedoria e a tranquilidade diante das vicissitudes da existência.

"O maior erro que uma pessoa pode cometer é sacrificar a sua saúde em troca de qualquer outra coisa."

Não estou defendendo que a vida é única e exclusivamente uma jornada negativa, limitada e condicionada por vivências que causam feridas e deixam cicatrizes. Só estou tentando dizer que precisamos assumir que os momentos ruins, as piores cenas, também fazem parte da existência e carregam uma importância absurda, diga-se de passagem.

Pense um pouco: quem realmente está vivo? Quem está com saúde? A pessoa que faz de conta que tudo é lindo e maravilhoso? Ou quem assume as quedas, perdas, partidas, lutos, lágrimas, decepções e frustrações?

"Nós mesmos somos a Vontade de Vida, por isso temos de viver, bem ou mal."

Calma que o nosso drama não para simplesmente por aí. Entenda que dentro de cada pessoa existe uma espécie de energia. Ela representa o combustível que move a vida, em todas as suas manifestações. Ela é a matéria-prima que usamos para fazer praticamente tudo: dormir, acordar, construir, destruir, sorrir, chorar, amar e odiar.

O punk dessa história é que a tal da vontade é instável. Entendeu? O bagulho é insanamente real! Como assim? Eu explico...

Você já acordou num belo dia sem enxergar nada de belo e sem ânimo para nada? Morrendo de preguiça de levantar da cama? Isso tudo sem motivo aparente? Ou já aconteceu o oposto disso? Acordar com uma alegria enorme, cheio de disposição? Mais uma vez, sem nenhum motivo especial? Pois é, esse apetite pela vida oscila pra caramba e nós não exercemos um controle que seja satisfatório.

Não adianta lutar contra. A vontade não cabe na caixa da razão, tampouco atende uma programação circunstancial. Evidentemente que fatores externos poderão afetar nosso ânimo de algum modo, mas nunca serão determinantes diante dessa força instável que nos move.

"A vida do homem oscila, como um pêndulo, entre a dor e o tédio, tais são na realidade os seus últimos elementos. Os homens tiveram que exprimir

esta ideia de um modo singular; depois de haverem feito do inferno o lugar de todos os tormentos e todos os sofrimentos, que ficou para o céu? Justamente o aborrecimento!"

Quando estamos tomados pela melancolia e a dor passa a ser uma constante até certo ponto previsível, somos desafiados a reagir. As atitudes mais comuns nesse caso envolvem o desejo. Passamos a desejar algo e a buscar esse algo, como se fosse a única solução para nossas questões.

Dói pensar o quanto nos esforçamos para satisfazer nossos desejos e no quanto nosso sofrimento é ampliado ao longo do processo. Mas a coisa só piora. Pois mesmo conseguindo conquistar o que queremos e embora sejamos possuídos por certa carga de euforia e contentamento, tais sensações são totalmente efêmeras. E com a mesma velocidade que a celebração começa, ela também termina. Assim como no movimento do pêndulo, retornamos ao ponto inicial de vazio, dor e tédio.

"Quem, portanto, não ama a solidão também não ama verdadeiramente a liberdade."

A tristeza não deve ser negada, nem negligenciada. Ela precisa ser compreendida. Sentimos a dor, mas não a sua ausência. E quando não só aceitamos isso, mas tomamos consciência, passamos a ter muito mais condições para desfrutar da sanidade.

Também é importante ter em mente que cada pessoa vive mergulhada na sua própria representação, como se cada um estivesse sozinho num mundo plenamente particular. Pare para pensar: ninguém vê o mundo como você vê, simplesmente porque você está sozinho no seu próprio mundo.

"O mundo é minha própria representação."

E quantas vezes tentamos mostrar para alguém uma determinada coisa que está diante dos nossos olhos, mas o outro simplesmente não consegue captar? Mesmo fazendo o maior esforço, a coisa não dá certo, porque cada um só é capaz de enxergar o que faz parte de sua fantasia particular e a partir de um ponto de vista altamente íntimo.

Não há como negar que a existência é permeada por momentos de tristeza e sofrimento. A dor é uma parte inevitável da vida, mas não devemos nos deixar abater por ela. Pelo contrário, é preciso encará-la de frente e aceitá-la como uma parte integrante da experiência humana. Não podemos nos esconder da bad, mas podemos aprender a conviver com ela e a superá-la. É importante também lembrar que a tristeza não define quem somos, ela é apenas uma parte do todo que somos.

"*Bastar-se a si mesmo; ser tudo em tudo para si, e poder dizer trago todas as minhas posses comigo, é decerto a qualidade mais favorável para a nossa felicidade.*"

FRIEDRICH NIETZSCHE

Friedrich Nietzsche foi um filósofo alemão que viveu no século XIX e é conhecido por sua crítica radical da moralidade, da religião e da cultura ocidental. Sua obra é marcada por um estilo provocativo e uma linguagem poética que o tornam um dos pensadores mais geniais, fascinantes e influentes da história.

Nietzsche nasceu em 1844, em uma família de pastores luteranos, e estudou filologia clássica na Universidade de Bonn e na Universidade de Leipzig. Durante seus estudos, ele se interessou pela cultura grega, em especial pelo pensamento pré-socrático, e também pela filosofia de Schopenhauer, conhecimentos que influenciaram decisivamente sua abordagem filosófica posterior.

Sua obra mais importante, *Assim falou Zaratustra*, foi escrita em 1883 e é uma espécie de manifesto poético que apresenta a visão de Nietzsche sobre a condição humana. Nessa obra, ele introduz a figura do "super-homem", um ser humano que é capaz de transcender as limitações da moralidade e da cultura e que busca sua própria realização e felicidade.

Outras obras importantes de Nietzsche incluem *Além do bem e do mal*, *Genealogia da moral* e *Ecce Homo*. Nessas obras, Nietzsche critica a moralidade tradicional ocidental, argumentando que ela é uma forma de ressentimento e opressão que limita a criatividade, a liberdade e a autenticidade humana.

A influência de Nietzsche na filosofia é poderosíssima. Ele é considerado um dos principais representantes do existencialismo e do niilismo, e suas ideias influenciaram pensadores como Martin Heidegger, Michel Foucault, Albert Camus, Jean-Paul Sartre e Jacques Derrida. Sua abordagem polêmica, explosiva e poética da filosofia continua a inspirar e a desafiar os pensadores da atualidade.

Um dado bem sinistro sobre Nietzsche é que ele sofreu de problemas de saúde ao longo de toda sua vida, tendo perdido parte significativa da visão e ficado supostamente louco nos últimos anos antes de sua morte. Ele passou seus últimos dias sob os cuidados de sua irmã, que editou e publicou suas obras de forma póstuma, em muitos casos alterando seu conteúdo original.

Outra curiosidade sobre Nietzsche é que, inicialmente, era um grande admirador de Richard Wagner, o compositor alemão. No entanto, tornou-se "inimigo" de Wagner depois que este virou um nacionalista, passando a criticar fortemente sua música em obras posteriores.

....

O TEMPO ESTÁ PASSANDO E EU ME SINTO CADA VEZ MAIS PERDIDO. ALÉM DISSO, NÃO ME SINTO BEM COMIGO MESMO. ISSO É NORMAL? POR QUE EU NÃO ME SINTO SEGURO PARA ENCARAR OS MEUS PRÓPRIOS SENTIMENTOS?

....

Você está em uma galeria de arte, passeando pelos corredores enquanto admira as obras de artistas locais e internacionais. O ambiente é sofisticado, com iluminação suave que realça as peças expostas e um som ambiente agradável ao fundo.

Enquanto caminha, vê uma porta entreaberta à sua direita, com uma placa que diz "Sala de Leitura". Curioso, você entra e encontra um espaço com prateleiras repletas de livros e algumas poltronas confortáveis.

Depois de sentar em uma das poltronas e começar a folhear um livro, você começa a ouvir um som vindo da outra extremidade da sala. É uma voz profunda e marcante, que parece estar lendo em voz alta. Você se levanta e segue em direção ao som.

Ao virar no corredor, se depara com uma figura imponente: um homem alto, de cabelos e bigode bem aparados, vestindo um terno escuro e uma gravata-borboleta. Ele está sentado em uma poltrona, lendo um livro com atenção.

É possível reconhecer imediatamente quem é: Friedrich Nietzsche, um dos filósofos mais influentes da história. Você fica surpreso e emocionado ao encontrá-lo ali, em uma galeria de arte.

Você se aproxima do filósofo, dizendo olá e fazendo sua pergunta. Ele levanta os olhos do livro e olha para um quadro. Depois de um momento de silêncio, ele começa a falar, analisando a sua pergunta com cuidado e oferecendo suas reflexões.

Provavelmente alguém já perguntou: quem é você? Em momentos diversos a questão "quem sou eu?" deve ter feito visitas um tanto inconvenientes na sua cabeça. Esse tal definir quem somos de fato é um dilema e tanto, além de ser absurdamente importante, por uma série quase interminável de motivos.

O cenário ganha contornos de drama na medida em que somos "obrigados" a gerenciar as imposições, exigências e expectativas criadas pelos outros. Pois é, a sociedade, seus padrões, seus "cultos" e ídolos não permanecem inertes diante de nós. Gradativamente vamos engolindo a falsa ideia de que a vida precisa fazer sentido. Eles precisam de novos adeptos para povoar esse verdadeiro inferno do igual.

Acredito que as redes sociais se tornaram uma forma de autopunição para muitas pessoas, uma vez que a comparação constante com os outros e com padrões de perfeição é inevitável. As expectativas criadas em relação ao que é certo ou errado, bonito ou feio, adequado ou não geram uma pressão constante que pode ser bastante tóxica. O indivíduo começa a se comparar com outras pessoas e achar que sua vida só faz sentido quando segue determinado padrão imposto pela sociedade. Essa busca pela perfeição pode levar a um estado de infelicidade permanente, pois sempre haverá algo que não está adequado aos padrões que se espera seguir.

"Torna-te aquilo que és."

Aos trancos e barrancos, conscientes ou nem tanto, acabamos sendo alguma coisa. O ponto é que, independentemente do momento ou das circunstâncias atuais, você precisa refletir profunda e decisivamente sobre a pessoa que acabou se tornando.

Para te estimular nesse processo de autocrítica, quero propor que imagine uma cena agradavelmente perturbadora.

E se, durante o dia ou numa determinada noite, um demônio aparecesse diante de seus olhos e dissesse: "Não se assuste! Vim trazer apenas uma notícia. A história de sua vida, cada mínimo detalhe, desde os primeiros passos e quedas, conquistas e fracassos, alegrias e tristezas, absolutamente cada página e cada capítulo de sua trajetória vai se repetir pela eternidade. Tudo na mesma sequência e ordem. Você gostaria de viver a sua vida, a que levou até hoje, eternamente? Estaria satisfeito sendo a pessoa que você é para todo o sempre?" Essa mensagem provoca alegria ou desespero?

Outra coisa, você considera mesmo que vale a pena ser escravizado pelas convenções sociais e se curvar perante tudo e todos? Só para ser aceito?

Não responda nada para mim. Responda firmemente para si mesmo!

Você me disse que está se sentindo perdido, que não se sente bem consigo mesmo, e perguntou se isso é normal. Eu lhe digo que essa sensação de desorientação é, de fato, uma das características mais comuns da existência humana. A vida é uma jornada complexa e, em muitos momentos, somos confrontados com incertezas e angústias. Mas eu o convido a pensar: será que a felicidade não está justamente em reconhecer esses momentos de confusão e usá-los como oportunidades para crescer e evoluir? É através dos momentos de incerteza e desconforto que podemos aprender a nos reinventar e nos fortalecer. Portanto, não se preocupe tanto com o fato de se sentir perdido ou confuso. Em vez disso, abrace esses momentos e encontre neles uma oportunidade para descobrir quem você realmente é e para onde quer ir.

Leve em consideração que quanto mais nos elevamos, menores parecemos aos olhos daqueles que não sabem voar.

Você também me perguntou por que não se sente seguro para encarar os próprios sentimentos. Eu lhe digo que a cultura ocidental, ao longo dos séculos, nos ensinou a reprimir nossas emoções e a separar o que é considerado "racional" do que é "emocional". Essa divisão criou uma espécie de abismo em nós mesmos, impedindo-nos de lidar com nossos sentimentos de maneira saudável e natural. Os gregos antigos estavam cientes disso. Quando observo a mitologia, acabo encontrando, na verdade, um grande espelho moral. Note que os deuses possuem aparência humana, mas não só isso. Eles carregam nossas virtudes e nossos defeitos. Uma divindade é capaz de mentir, trair e matar. Eles se apaixonam, podem ser tomados pela ira e até mesmo arquitetar uma vingança. Ao representar os deuses dessa maneira, os gregos antigos nos ensinaram que não há nada de errado em sentir emoções intensas, desde que saibamos como lidar com elas. A chave para encarar nossos sentimentos é a autoconsciência, é preciso aceitar nossa humanidade e reconhecer que nossos sentimentos são parte integrante de quem somos.

As histórias sobre os deuses foram elaboradas e utilizadas como um importante recurso para compreender a natureza e o universo, mas também cumpriam um papel pedagógico. À medida que cada narrativa mostrava erros e acertos cometidos pelas divindades, mostrava também as consequências de seus atos.

Enxergo, em duas divindades de maneira especial, aquilo que compreendo como principais atributos humanos que acabam definindo quem somos. Me refiro aos deuses Apolo e Dionísio. O primeiro é comumente associado ao sol, ao equilíbrio, à beleza, à razão e à ordem, enquanto o segundo é ligado ao vinho e tratado como símbolo da paixão, vivacidade, exuberância, vontade irracional e desordem. Por sinal, foi a partir das celebrações feitas para exaltar Dionísio que tivemos o surgimento do teatro e o nascimento da tragédia grega.

Somos a mais pura síntese entre o aspecto apolíneo e o dionisíaco, na medida em que somos tanto racionalidade e prudência quanto somos passionalidade, impulsividade e transgressão, mas a civilização ocidental passou por alguns momentos que contribuíram para a decadência da cultura, bem como para a instauração da decadência e do ressentimento.

"O êxtase do estado dionisíaco, com sua aniquilação das usuais barreiras e limites da existência, contém, enquanto dura, um elemento letárgico no qual imerge toda vivência pessoal do passado. Assim se separam um do outro, através desse abismo do esquecimento, o mundo da realidade cotidiana e o da dionisíaca."

Na Grécia Antiga, já no período clássico, artistas e os supostos sábios se encarregaram de supervalorizar a simetria, o ideal e a beleza. Assim, gradativamente, as obras de arte deixaram de ser expressões de vida e passaram a ser sintomas claros de sua negação. O aspecto apolíneo da vida estava em evidência, mas o dionisíaco passou a ser desprezado.

Enquanto os filósofos pré-socráticos articulavam sensibilidade e racionalidade, Sócrates e Platão definiram uma hierarquia na qual a razão reinava absoluta. Consequentemente, o sentir e as paixões eram considerados traços que prejudicavam o filosofar e o educar. Mais um movimento que evidenciou Apolo e deixou Dionísio de lado.

"O dizer sim à vida, mesmo em seus problemas mais difíceis e estranhos; a vontade de vida, alegrando-se da própria inesgotabilidade no sacrifício de seus mais elevados tipos – a isso chamei dionisíaco, nisso vislumbrei a ponta para a psicologia do poeta trágico."

Com o crescimento e consolidação das crenças monoteístas no ocidente, encontramos uma mentalidade marcada pelo teocentrismo. Nessa concepção de construção do indivíduo e da sociedade, o divino é colocado como fundamento de todas as coisas. Foi assim que se estabeleceu o domínio da moral judaico-cristã, principalmente durante a Idade Média.

O ser humano continuou reprimindo seus impulsos dionisíacos. Tudo em nome de uma visão de mundo religiosa, que enxerga desejos e vontades como frutos da carne, que conduzem ao pecado e estabelecem distância entre criador e criatura.

"Ajuda-te a ti mesmo: assim todos te ajudarão. Princípio do amor ao próximo."

Judaísmo e cristianismo seguem uma filosofia semelhante ao pensamento platônico. Considerando a busca pela perfeição, dentro do que denominam de espiritualidade, enquanto combatem qualquer tipo de prática ligada aos prazeres humanos.

Já na modernidade, a continuidade da perseguição contra Dionísio se faz presente na supervalorização da razão, em detrimento dos sentimentos, e no anseio doentio com relação ao progresso e ao futuro, o que faz com que cada um passe a sabotar o presente. Trata-se de um comportamento extremamente massificado numa submissão severa aos padrões sociais.

O resultado disso tudo? Entre outras coisas, pessoas incapazes de lidar com os próprios sentimentos. Expressões de choro, riso, tristeza, alegria, paixão e melancolia são interpretados como fraquezas. Muito em virtude disso, não encontramos ambientes com empatia e sensibilidade.

Minha mensagem: abrace o Dionísio que há em você! Mas faça isso sem abandonar Apolo.

"Há multidões em mim. Na mesa de minha alma sentam-se muitos e eu sou todos eles."

Que você não faça parte da manada. Se a hipocrisia for sinal de normalidade, que você seja anormal. Se a frieza e a indiferença forem traços de educação, que o chamem de selvagem. Enquanto o egoísmo tiver valor, que você faça da empatia o seu mantra e não deixe de lado a sua sensibilidade.

No solo da mágoa, que você lance sementes de perdão. Onde florescer o ódio, que não perca a razão. Diante de um deserto de afeto, que consiga ser um oásis de humanidade. Na ausência de compreensão, que possa doar atenção. Não se curve diante do padrão.

Que você não se permita ser quem querem que você seja, mas que acolha a sua própria essência. Como se fosse uma doce melodia que rompe o silêncio, mesmo sabendo que aqueles que foram vistos dançando foram julgados insanos por aqueles que não podiam escutar a música.

Que o universo silencie a crítica de quem não serve de exemplo, te desvie do precipício das comparações e, ainda que esteja só, que você se lembre das palavras do filósofo: "Nunca é alto o preço a se pagar pelo privilégio de pertencer a si mesmo".

FRANZ KAFKA

Franz Kafka é um dos autores mais influentes, sensíveis e enigmáticos da literatura moderna. Nascido em Praga, em 1883, Kafka deixou um legado literário que desafia a compreensão e transcende o tempo.

Sua vida foi marcada por conflitos e turbulências, desde a relação tensa com o pai autoritário até as dificuldades de saúde que o afetaram ao longo dos anos. Apesar disso, Kafka encontrou na literatura uma forma de se expressar e explorar dilemas pesados que vão até as profundezas da condição humana.

Seus contos e romances são famosos por sua atmosfera opressiva, marcada pela alienação, com personagens angustiados e situações para lá de absurdas. O protagonista de *A metamorfose*, Gregor Samsa, por exemplo, acorda um dia transformado em um inseto gigante, enquanto em *O processo* um homem é acusado de um crime sem saber o que fez de errado. Essas histórias surrealistas e perturbadoras conquistaram leitores de todo o mundo e inspiraram gerações de escritores.

Apesar de Kafka ter publicado poucas obras em vida, seu trabalho foi fundamental para o desenvolvimento da literatura. Suas ideias sobre a solidão, a desilusão, a burocracia e a angústia influenciaram movimentos como o existencialismo e o surrealismo. Seu estilo lacônico e preciso também teve um impacto duradouro nas mais diversas manifestações artísticas, sendo estudado e imitado até hoje.

Além de sua obra literária, Kafka também deixou um legado de cartas e diários que revelam detalhes fascinantes de sua vida e personalidade. Em suas cartas para Felice Bauer, por exemplo, Kafka revela seu lado mais vulnerável e emocional, enquanto em seus diários ele registra seus sonhos e reflexões sobre a arte e a vida.

Uma curiosidade sobre Kafka é que ele era fluente em várias línguas, incluindo o alemão, tcheco, francês e italiano. Ele também era um grande fã de filmes e frequentava os cinemas de Praga regularmente.

ME SINTO REJEITADO POR TODOS E NÃO CONSIGO ME ENCAIXAR EM LUGAR NENHUM. MUITAS VEZES ME SINTO INVISÍVEL. COMO POSSO SAIR DESSA SITUAÇÃO?

Você caminha pelos corredores do museu, observando as obras de arte expostas em suas paredes. O ambiente é silencioso e a iluminação é suave, permitindo que você aprecie cada detalhe das pinturas e esculturas. Você segue o caminho indicado pelo mapa, passando por diversas salas até chegar à última exposição, dedicada a Franz Kafka. As paredes são revestidas por citações do autor e, em uma das salas, há uma poltrona de couro preto, onde alguém está sentado, com um livro aberto no colo.

Conforme se aproxima, você percebe que é ninguém menos que o próprio Franz Kafka, usando um terno preto e seus característicos óculos redondos. Ele parece absorto em seus pensamentos, e, por um momento, você fica parado, sem saber o que fazer. Então, você decide se aproximar e cumprimentá-lo.

"Olá", você diz, "posso fazer uma pergunta?"

Kafka parece surpreso com a sua presença, mas logo recupera a compostura e sorri gentilmente. "Claro", ele responde, "fique à vontade para perguntar o que quiser."

Você faz a pergunta em que havia pensado, e Kafka começa a refletir, franzindo a testa levemente. Ele parece imerso em seus pensamentos, e você percebe a profundidade de suas reflexões. Ele inicia com a frase:

"*Quem possui a capacidade de ver beleza não envelhece.*"

Não se sentir acolhido e amado por sua própria família é um dilema terrível, provavelmente o pior de todos. Você se dá conta de que o local que deveria ser um lar acaba sendo tudo, menos isso. Pensamos inevitavelmente que temos algum problema, que somos insignificantes, não somos merecedores de afeto e que devemos partir.

Para aumentar o meu tormento, sempre amei, admirei e até procurei me inspirar no meu pai. Mas ele sempre me rejeitou. Meu amor por ele nunca encontrou reciprocidade. Muito pelo contrário, habitualmente eu recebia indiferença, frieza, desprezo e até brutalidade. Entretanto, nada disso foi capaz de destruir meus bons sentimentos por ele.

O drama não se limita apenas a nossas experiências internas, pois muitas vezes enfrentamos os mesmos dilemas ao interagir com os outros em relações sociais diversas e imprevisíveis. Você já sentiu aquela forte sensação de não pertencer a lugar nenhum? A ideia constante de que está sendo julgado a todo momento por não se encaixar nos padrões estabelecidos pelos outros? Infelizmente, a vida pode ser ainda mais complicada quando somos confrontados com a imaturidade, o ódio, a teimosia, os exageros, as vaidades e as loucuras dos outros, tornando a busca pelo nosso lugar no mundo uma tarefa ainda mais desafiadora.

"*Um idiota é um idiota. Dois idiotas são dois idiotas. Dez mil idiotas são um partido político.*"

Assim, é praticamente impossível não questionar se nascemos no lugar, na época e com as pessoas certas. Meu conselho? Não se deixe contaminar por nada disso. Não permita que a maldade afete seu coração. Você deve estar pensando "parece tão fácil na teoria", mas eu tenho experiência e prática no assunto. Agora, procure se concentrar em cada palavra que vou compartilhar.

Eu sei exatamente o que é acordar numa bela manhã se sentindo uma barata. Tendo que lidar com expressões e discursos cruéis, cheios de arrogância e preconceito. Imagine todos que te cercam te tratando com aversão. Como disse, sei tudo sobre isso porque senti na pele.

A dor me fez amadurecer, o que não significa que isso seja maravilhoso. Também não significa que minha vulnerabilidade tenha sido destruída. Para ser franco, à medida que fui sendo dilacerado, minha fragilidade se tornava ainda mais evidente. Tive que aprender a lidar com isso.

"Na tua luta contra o resto do mundo, aconselho-te que te ponhas do lado do resto do mundo."

Acabei aceitando que maturidade é sentir as próprias emoções sem ser consumido por elas. Sentir sua dor sem se tornar aquilo que o feriu significa desaprender padrões tóxicos. Em outras palavras, comecei de fato a amadurecer quando me dei conta de que não sou obrigado a experimentar a vida da maneira que me disseram.

Sei como é difícil encontrar a própria identidade em meio ao turbilhão do mundo e às expectativas que nos são impostas. Mas o ponto é que a preocupação em agradar aos outros ou em encaixar-se em algum molde preestabelecido é inútil, além de não ser nada saudável. A verdadeira felicidade vem de encontrar a sua própria voz, de ser fiel a si mesmo e de seguir suas próprias inspirações, independentemente do que os outros possam pensar.

Não tenha medo de ser diferente, pois a autenticidade é o que torna a vida tão rica e interessante. Aprenda a respeitar a si mesmo, independentemente dos rótulos. E, acima de tudo, não desista de procurar seu espaço, seu destino.

Se você continuar tentando se encaixar em um molde imposto por outros, estará vivendo uma vida falsa e vazia. Por isso, escolha se libertar das amarras da expectativa alheia e permita-se ser quem é de verdade. Quando finalmente abraçar sua verdadeira identidade, sentirá a vida de uma forma que só você pode sentir, e isso será sua maior realização.

Você expressou seus sentimentos de rejeição e desconexão e perguntou-me como pode escapar dessa situação. Para mim, a chave para sair disso é aceitar e abraçar sua própria singularidade. Em vez de tentar se encaixar em um molde imposto pelos outros, você deve se permitir ser quem é. Reconheça suas qualidades únicas e veja isso como uma força, em vez de uma fraqueza. E, acima de tudo, tenha fé em si mesmo e no seu futuro. Acredite apaixonadamente em seus sonhos e desejos e saiba que você tem o poder de realizá-los. O inexistente é tudo o que não desejamos o suficiente, então, se desejar com intensidade e compromisso, você pode criar sua própria realidade. Por isso, não perca a esperança, acredite em si mesmo e no seu potencial, e verá como o mundo se abre para você.

"Ao acreditarmos apaixonadamente em algo que ainda não existe, nós o criamos. O inexistente é tudo que não desejamos o suficiente."

ALBERT CAMUS

Albert Camus é um dos escritores mais importantes e influentes do século XX. Nascido na Argélia em 1913, Camus se destacou como um dos principais intelectuais da França, país que o acolheu e lhe deu visibilidade. Sua obra abrangente e multifacetada abordou temas como a condição humana, a solidão, a liberdade e a luta contra a opressão.

Desde muito jovem, Camus demonstrou talento para a escrita e a filosofia. Aos 24 anos, publicou seu primeiro livro, *O avesso e o direito*, um ensaio sobre a relação entre o homem e o trabalho. Em 1942, publicou *O estrangeiro*, obra-prima que lhe rendeu reconhecimento mundial e marcou o início de uma carreira brilhante.

Em seus livros, Camus explorou a complexidade da existência humana e a dificuldade em encontrar um significado para a vida. Ele questionava a noção de que a vida era racional e previsível e propunha uma visão mais poética e existencialista da experiência humana.

Outra obra importante de Camus é *A peste*, uma reflexão sobre a luta contra uma epidemia que devastava a cidade de Oran, na Argélia. Nela, Camus explorou a natureza humana e a solidariedade em tempos de crise, fazendo uma crítica sutil ao autoritarismo e ao conformismo.

Além de escritor, foi também um militante político, engajado na luta contra o fascismo e o colonialismo. Sua posição política e seus ideais humanistas o tornaram uma figura controversa em seu tempo, mas também um ícone para as gerações seguintes.

Uma curiosidade interessante sobre Camus é que ele foi um grande fã de futebol e chegou a jogar em clubes locais na juventude. Ele também era um ávido leitor de literatura russa, admirando autores como Dostoiévski e Tolstói.

Em 1957, foi agraciado com o Prêmio Nobel de Literatura por sua contribuição significativa para a literatura mundial. O comitê do Prêmio Nobel destacou a forma única como Camus combinou habilidades literárias com reflexões profundas sobre a condição humana e o absurdo da existência.

....

QUANTO MAIS TENTO ENTENDER ALGUMAS COISAS, MAIS CONFUSO FICO. APARENTEMENTE, NADA FAZ MUITO SENTIDO. É ISSO MESMO OU ACABEI SURTANDO?

....

O aeroporto está movimentado, o barulho das conversas e dos carrinhos de bagagem é ensurdecedor. Você está sentado em uma poltrona, observando as pessoas correndo de um lado para o outro enquanto espera pelo seu voo. De repente, algo chama sua atenção. Lá no final do saguão, você vê um homem com cabelos encaracolados e escuros, que parece estar imerso em seus próprios pensamentos.

Você reconhece o homem como o famoso filósofo Albert Camus, e isso te surpreende bastante. Você pensa em se aproximar dele, mas hesita, não querendo incomodá-lo. Porém, sua curiosidade fala mais alto, e você toma coragem para se levantar e caminhar em sua direção.

Ao chegar perto, você se apresenta e cumprimenta Camus. Ele responde com um sorriso simpático e uma saudação cordial. Então, surge a oportunidade para fazer a pergunta que estava guardada em sua mente há dias.

Camus ouve atentamente, segurando o cigarro entre os dedos. Ele pausa por um momento, olhando para você com um olhar penetrante antes de começar a responder.

Talvez você carregue consigo a crença equivocada de que colhemos tudo aquilo que plantamos e que a vida corre na mais perfeita harmonia, como se algum tipo de força estabelecesse uma ordem, fazendo com que cada acontecimento seja escravo da coerência. Mas, como disse, isso não passa de uma crença equivocada.

"A vida não tem sentido, mas vale a pena viver, desde que você reconheça que isso não faz sentido."

Observe com atenção o fluir das atitudes das pessoas e o próprio desenrolar da história. Por mais que a racionalidade, em contato com o mundo, busque intensamente algum tipo de sentido naquilo que vivenciamos e nas coisas que pensamos, tal busca se dá em vão.

"Vou lhe dizer um grande segredo, meu caro. Não espere o juízo final. Ele realiza-se todos os dias."

O que estou tentando lhe dizer com tudo isso? Que nada faz o menor sentido. Até nossa existência é desprovida de sentido. O que significa dizer até mesmo que a vida humana é inútil. A partir daí, é preciso se colocar diante da mais importante questão filosófica: afinal, a vida vale a pena ser vivida? A reflexão não é apenas a mais importante de todas, ela é urgente!

Refletir sobre se a vida vale a pena ser vivida é urgente porque é uma das perguntas mais fundamentais e existenciais que os seres humanos podem fazer. Afinal, o que há de mais importante do que saber se a nossa existência tem significado ou propósito?

Para fazer essa reflexão, é preciso ser honesto consigo mesmo e não ter medo de encarar a realidade. É importante questionar o sentido da vida, a nossa relação com o mundo e com os outros, e também as nossas próprias crenças e nossos valores. Essa reflexão deve ser profunda e sincera, buscando entender as nossas emoções, os nossos pensamentos e as nossas motivações mais profundas.

Todos precisam lidar em algum momento com uma sensação de vazio e desesperança. Eu já passei por vários momentos assim, mas tenho que lhe dizer que a vida, muito mais do que fazer sentido, precisa ser experimentada. Ela não cabe numa lei tipo causa e efeito, nem cabe em qualquer tipo de caixa racional.

"Abençoados os corações flexíveis; pois nunca serão partidos."

Nem tudo aquilo que colhemos, necessariamente plantamos. É preciso ter a mente aberta e uma forte atitude crítica para encarar um cenário tão desafiador e encontrar significado em meio ao caos.

Um exemplo prático e atual disso é a pandemia de COVID-19. Muitas pessoas foram afetadas de maneira significativa por essa crise global, tendo que lidar com a perda de entes queridos, a perda de empregos e mudanças drásticas em suas rotinas diárias. É um cenário desafiador e caótico, no qual muitas vezes é difícil encontrar significado.

No entanto, algumas pessoas conseguiram abraçar um propósito nesse cenário difícil, mesmo que não tenham plantado as sementes para essa colheita. Por exemplo, muitos trabalhadores da área da saúde se dedicaram incansavelmente para ajudar os pacientes com COVID-19, colocando suas próprias vidas em risco. Outras pessoas se mobilizaram para ajudar suas comunidades, doando recursos ou prestando serviços voluntários.

Descubra o que o motiva e o que o faz se sentir apaixonado pela vida. Pode ser escrever, pintar, cantar, gerenciar um negócio, cuidar dos outros; encontre a sua verdadeira paixão e corra atrás dela.

Estabeleça conexões saudáveis com outras pessoas. Não há nada mais enriquecedor do que compartilhar experiências. Construir laços verdadeiros e se relacionar com seus entes queridos é uma das chaves para encontrar significado na vida.

"A verdadeira generosidade para com o futuro está em dar tudo ao presente."

Então, fique tranquilo, você não pirou, nada faz muito sentido mesmo e é assim que as coisas são. Mas, se mesmo assim estiver surtando um pouco, aprenda a estar de fato no momento presente, livre das vozes perturbadoras do ontem e pessimistas sobre o amanhã. Isso mesmo! Pare de se preocupar compulsivamente com o futuro ou lamentar o passado e encontre-se no agora. Aprenda a apreciar cada momento e a encontrar gratidão.

Se possível e se for algo que considere importante, desenvolva um senso de espiritualidade. Note que não estou limitando a ideia à dimensão religiosa, então não importa se você é religioso ou não, apenas tente encontrar um senso de propósito maior que possa ajudá-lo a ter leveza, mesmo com tantos absurdos ao longo da jornada. Sim! Encontrar tal senso pode ser importante para alguém que não é religioso, embora a religião não seja a única fonte de orientação na vida. Existem outras fontes, como relacionamentos significativos, trabalho gratificante, engajamento em alguma causa, interesses e projetos pessoais.

Ao explorar essas fontes de propósito, é possível encontrar uma orientação e força que ajudam a enfrentar os desafios e absurdos da vida. Ao entender o que é importante e significativo para si mesmo, é possível ter mais clareza sobre as prioridades e tomar decisões mais conscientes.

Eu acredito que você é forte e capaz de enfrentar quaisquer desafios que a vida possa lhe apresentar. Não tenha medo de explorar e descobrir sua verdadeira paixão. A vida é curta, mas pode ser incrivelmente significativa.

"Quando procuro o que há de fundamental em mim, é o gosto da felicidade que eu encontro."

Albert Camus

JEAN-PAUL SARTRE

Jean-Paul Sartre foi um escritor e filósofo nascido em Paris, em 1905, que se destacou por suas ideias inovadoras, críticas e contestadoras, apresentando reflexões acerca da existência humana, da liberdade e da responsabilidade.

Sartre cresceu em um ambiente intelectual e político engajado e desde jovem se interessou pelos pensamentos de filósofos como Nietzsche e Husserl. Ele estudou na École Normale Supérieure, onde conheceu Simone de Beauvoir, que se tornaria sua companheira de vida e de trabalho.

Uma das obras mais importantes de Sartre é *O ser e o nada*, na qual ele desenvolve sua teoria sobre o existencialismo ateu. Ele acreditava que o ser humano é livre e responsável por suas escolhas, mas que essa liberdade também traz consigo uma angústia fundamental, rejeitando qualquer tipo de determinismo e negando a tese de uma natureza humana, optando pela defesa da condição humana. Para Sartre, nossa vida é marcada por uma busca constante por significado e propósito.

Outra obra importante de Sartre é *As moscas*, uma peça de teatro que aborda os temas recorrentes do autor, como citado anteriormente. A peça foi escrita durante a Segunda Guerra Mundial e é considerada uma crítica à colaboração com os nazistas.

Sartre também foi um importante ativista político, defendendo causas como o comunismo, a luta contra a opressão colonial e a libertação sexual. Ele foi um dos líderes do movimento existencialista, que teve grande impacto na cultura francesa do pós-guerra.

Uma curiosidade sobre Sartre é que ele recusou o Prêmio Nobel de Literatura em 1964, alegando que não queria ser associado a nenhuma instituição. Entretanto, ele também foi um grande amante da literatura, tendo escrito romances e ensaios, além de ter sido um crítico literário de renome.

O legado de Sartre é grandioso. Ele influenciou muitos outros filósofos, incluindo Michel Foucault e Jacques Derrida. Sua obra, além de representar uma profunda reflexão sobre a existência, é um convite à ação política e à luta contra qualquer forma de opressão.

ESTOU PASSANDO POR UMA CRISE EXISTENCIAL. ISSO VAI PASSAR EM ALGUM MOMENTO? QUAL A MELHOR MANEIRA DE ENCARÁ-LA?

Você está em um teatro antigo, com uma arquitetura majestosa e clássica. O teto é alto e adornado com belos afrescos e lustres dourados pendem do teto. O lugar é iluminado por luzes suaves que dão uma atmosfera aconchegante e intimista. Todos estão ansiosos para ver a apresentação da orquestra que começará em breve.

O público chega pouco a pouco, alguns se cumprimentando com um sorriso, outros sussurrando animados com seus companheiros de assento. De repente, você nota algo fora do comum: o filósofo Jean-Paul Sartre está sentado algumas fileiras à sua frente. Ele parece tranquilo, usando um terno preto impecável e uma gravata combinando.

Você se aproxima dele com respeito e se apresenta, cumprimentando-o educadamente. Ele acena e retorna o cumprimento, observando com curiosidade. Você lança a pergunta, e ele a ouve atentamente, refletindo sobre o assunto. Ele começa a coçar a cabeça pensativamente, enquanto elabora sua resposta.

Primeiro, uma crise existencial, para mim, é uma situação em que a pessoa se sente perdida, sem um propósito ou sentido claro para a sua vida. É uma espécie de conflito interno entre a liberdade de escolha e a responsabilidade que isso acarreta. Quando uma pessoa se depara com a sua liberdade e a possibilidade de escolher o seu próprio caminho, ela pode sentir uma grande angústia e até mesmo desespero, pois sabe que as suas escolhas têm consequências e que ela é a única responsável por elas. Nesse sentido, uma crise existencial pode ser vista como uma oportunidade para a pessoa refletir sobre a sua vida e sobre o sentido que deseja dar a ela, para que possa encontrar o seu próprio propósito e sentido.

Saiba que o ser humano está condenado a ser livre. O que quero dizer com isso? Que não possuímos uma essência predefinida, não há um destino traçado para nós e não há ninguém ou nada que o controle. Nós somos responsáveis por nossas próprias escolhas e ações, e isso pode ser assustador, mas também é libertador.

Estou dizendo também que a liberdade é uma condição inevitável da nossa existência. Nós não podemos escapar dela, ela está sempre presente, e isso pode gerar um grande desconforto, especialmente quando nos deparamos com escolhas difíceis e situações complexas.

No entanto, a minha visão é que essa liberdade pode ser vista como uma oportunidade para criar nossa própria história. Ao invés de nos sentirmos perdidos em meio à liberdade, podemos abraçá-la e fazer escolhas autênticas que reflitam nossos valores e desejos.

Então, em relação à crise existencial, a minha visão é que ela pode ser uma oportunidade para repensarmos as escolhas que fizemos até agora e para nos reconectarmos com nossa própria liberdade. Ao invés de fugir da crise, podemos utilizá-la como um momento para refletir sobre quem somos e o que realmente queremos em nossas vidas. Afinal, a liberdade é uma responsabilidade, mas também é uma oportunidade para criar nossa própria existência.

"Viver é isto: ficar se equilibrando o tempo todo entre escolhas e consequências."

Cada escolha que fazemos na vida tem uma consequência, positiva ou negativa. E é justamente essa responsabilidade que nos faz ficar constantemente nos equilibrando, tentando tomar decisões que estejam em linha com nossos valores e objetivos.

Por exemplo, quando decidimos seguir uma carreira ou iniciar um relacionamento, estamos escolhendo uma direção que terá consequências no futuro. E precisamos estar preparados para arcar com essas consequências, boas ou ruins.

O equilíbrio é importante porque, se tomarmos decisões precipitadas ou que vão contra nossos princípios, podemos acabar causando danos a nós mesmos ou aos outros. Por isso, é fundamental ter consciência da nossa liberdade e agir com responsabilidade ao fazer nossas escolhas.

Reconheço que, quando a gente se dá conta disso tudo, bate uma angústia pesadíssima. Afinal, não é confortável lidar com tamanha carga, ainda por cima sozinho. Eu chamo essa angústia existencial de "náusea". Um mal-estar cruel, que mais cedo ou mais tarde qualquer um acaba tendo que encontrar de frente.

"Não importa o que a vida fez de você, mas o que você faz com o que a vida fez de você."

A situação é tão dramática que muitos, num ato que é tipo um mix de covardia com surto psicótico, procuram em vão transferir a liberdade. Em momentos de crise existencial ou de extrema pressão social, muitas pessoas procuram transferir essa liberdade para outras entidades, sejam elas políticas, religiosas ou sociais.

No entanto, essa transferência de liberdade é uma ilusão perigosa. Ela nos impede de assumir a responsabilidade por nossas próprias escolhas e consequências, deixando-nos em um estado de inação e apatia. Além disso, a transferência de liberdade pode levar à opressão e ao controle por parte das entidades que recebem essa liberdade transferida.

Por mais difícil que seja, é necessário que cada indivíduo assuma a responsabilidade por suas escolhas e ações. É preciso enfrentar a realidade de que somos seres livres e, por consequência, responsáveis por nossas vidas. Essa é a única forma de alcançar a verdadeira liberdade e autonomia e de encontrar um sentido autêntico para nossas vidas.

"Eu sempre posso escolher, mas devo saber que, se não escolher, ainda estou escolhendo."

Como assim? Consultando outras pessoas, solicitando opiniões ou sugestões sobre qual rumo atribuir à própria vida. Considero essa postura como um ato de "má-fé", uma vez que a intenção é se livrar do mal-estar, tentando lançar a maldição sobre outra pessoa, que já tem que lidar com a própria. O problema é que seus praticantes acabam não se dando conta de que escolher as escolhas dos outros ainda é uma escolha. E, com ela, virão consequências e responsabilidades.

"O inferno são os outros."

Se é real que é possível desfrutar de algum tipo de equilíbrio existencial, é praticamente inevitável reconhecer que esse equilíbrio é afetado pelos desdobramentos das relações que estabelecemos com os outros. De que forma? Bem, observe que somos livres e responsáveis por aquilo que somos e fazemos, mas os outros são os outros.

Nesse sentido, obviamente, não controlamos as ações, as reações, os sentimentos e as emoções de ninguém. E, mesmo esperando coerência, gratidão, lealdade, honestidade e sinceridade por parte de quem quer que seja, na maioria dos casos a equação não é exata. Quantas vezes doamos o que há de melhor em nós para alguém e, ao invés de reciprocidade, recebemos desprezo? Não se engane, nossos tormentos não estão em outra dimensão.

Quero que saiba que uma crise existencial de fato provoca a sensação de que tudo está desabando. O desespero toma conta da gente, falta ânimo, falta apetite, falta até fôlego. Mas e se tudo realmente precisar desabar? E se esse momento for o mais favorável para uma grande autocrítica? E se todas as interrogações provocadas pela crise forem urgentes e necessárias para que você possa experimentar uma grande revolução na sua trajetória? Já parou para pensar nisso?

SOREN KIERKEGAARD

Soren Kierkegaard é um dos grandes nomes da filosofia do século XIX. Nascido em Copenhague, em 1813, ele se destacou por suas ideias inovadoras e profundas reflexões sobre a vida, o amor, a religião e principalmente a existência humana.

Kierkegaard foi um pensador solitário e de perfil introspectivo desde muito jovem. Ele perdeu o pai aos 21 anos, e isso marcou profundamente sua vida e obra. Procurou se afastar das pessoas, evitou relacionamentos e dedicou-se a escrever ensaios e livros que exploravam temas intrigantes.

Uma das obras mais importantes de Kierkegaard é *O desespero humano*, na qual explorou como a angústia surge quando enfrentamos a escolha entre o bem e o mal, e como essa escolha é inevitável na vida humana. Também argumentou que a angústia pode ser superada através da fé em Deus e do comprometimento com a moralidade e a ética. Ele acreditava que o homem está sempre lidando com o vazio dentro de si e segue em busca de um propósito ou significado, mas que essa busca muitas vezes leva ao desespero.

Outra obra importante de Kierkegaard é *Temor e tremor*, em que ele analisa a natureza da fé e a relação entre moralidade e religião, por meio da história de Abraão e Isaac, figuras importantes no judaísmo, cristianismo e islamismo. Abraão é considerado o pai fundador dessas três religiões, e Isaac era seu filho.

Segundo a tradição bíblica, Abraão foi escolhido por Deus para se tornar o pai de uma grande nação e recebeu a promessa de que sua descendência seria tão numerosa quanto as estrelas do céu. No entanto, Deus pediu que Abraão sacrificasse seu filho Isaac como um teste de sua fé. Abraão concordou em obedecer a Deus, mas, no último momento, Deus enviou um anjo para impedir o sacrifício e forneceu um cordeiro para ser sacrificado no lugar de Isaac.

A história de Abraão e Isaac é vista como um exemplo de obediência e fé em Deus. No judaísmo, é lembrada durante o Rosh Hashaná, o Ano Novo Judaico, e na leitura da Torá durante a festa de Aqedah. No cristianismo, a história é vista como uma antecipação do sacrifício de Jesus Cristo, enquanto no islamismo ela é contada com uma ênfase maior no papel de Ismael, filho mais velho de Abraão, em vez de Isaac.

Kierkegaard também foi um crítico ferrenho da Igreja estatal da Dinamarca, que ele acreditava ser uma instituição burocrática e sem vida. Defendia uma fé mais pessoal e íntima, baseada na experiência do indivíduo e não na obediência a uma instituição.

Uma curiosidade sobre Kierkegaard é que ele usava pseudônimos em suas obras, muitas vezes criando personagens fictícios que defendiam pontos de vista diferentes dos seus próprios. Ele acreditava que o uso de pseudônimos permitia que ele se expressasse de forma mais livre e autêntica, sem se sentir preso a uma única identidade ou perspectiva.

O legado de Kierkegaard é enorme. Influenciou muitos outros filósofos, incluindo Jean-Paul Sartre e Martin Heidegger, e suas ideias sobre a individualidade, a liberdade e a existência humana continuam relevantes. Sua obra representa uma profunda reflexão sobre a condição humana e a busca por significado e propósito na vida.

ESTOU SENTINDO UM PROFUNDO VAZIO EXISTENCIAL. ISSO TEM CURA?

Você atravessa o portão de entrada do jardim botânico e se depara com uma paisagem exuberante e vibrante. O clima é agradável, com uma brisa fresca que acaricia seu rosto enquanto caminha pela trilha de paralelepípedos.

As árvores e plantas estão organizadas de maneira harmoniosa, criando uma sensação de tranquilidade e harmonia. Os sons dos pássaros e insetos preenchem o ar com uma sinfonia natural, enquanto você segue em direção ao coração do jardim.

O local está cheio de visitantes, alguns em grupos animados, outros em silêncio, desfrutando da beleza do lugar. Você se perde por um momento na multidão, admirando a arquitetura do jardim, as estufas e os canteiros de flores coloridos.

De repente, nota uma figura solitária sentada em um banco próximo. É Kierkegaard, um filósofo renomado que, aparentemente, está relaxando no meio do jardim botânico. Intrigado, você se aproxima e o cumprimenta educadamente, apresentando-se e fazendo um questionamento.

Kierkegaard fica surpreso e se apresenta, dizendo que está entusiasmado para conversar com alguém interessado em suas teorias. Ele ouve sua pergunta atentamente e, em seguida, começa a responder.

Você já parou para pensar na sua própria existência? Se ela possui ou não um significado? Ou se de repente você foi criado por algum tipo de ser superior? Esses são questionamentos típicos de uma corrente filosófica, bastante influente, chamada existencialismo.

Talvez o seu principal dilema seja não saber o que fazer da vida ou como saber se o que já está fazendo é correto. Sei que são dúvidas pra lá de pesadas. Também imagino o quanto você deve ser bombardeado pelos ruídos externos, formados por uma série inesgotável de opiniões, padrões, ideologias e preconceitos.

"A angústia é a vertigem da liberdade. Vertigem que surge quando o espírito, ao querer colocar a síntese, a liberdade fixa os olhos no abismo de sua própria possibilidade e lança mão da finitude para sustentar-se."

Soren Kierkegaard

A angústia é algo que sempre me intrigou e me desafiou. É uma sensação que muitas vezes acompanha aqueles que buscam a liberdade, a verdadeira liberdade de escolha e de ser quem se é. Eu sempre acreditei que a angústia surge quando nos deparamos com a nossa própria liberdade, quando somos forçados a enfrentar o abismo da possibilidade que se abre diante de nós.

A liberdade, como um todo, é algo que é difícil de compreender. É uma experiência única e individual, que cada um de nós deve vivenciar por si mesmo. E é essa individualidade que pode gerar a angústia, uma vertigem que nos faz sentir como se estivéssemos no topo de uma montanha, olhando para baixo, para um abismo de possibilidades.

É nesse momento que a finitude se torna crucial. Precisamos nos agarrar a algo, precisamos nos sustentar de alguma forma, e a finitude é o nosso ponto de apoio. É o que nos dá a sensação de estabilidade e segurança, mesmo que seja apenas temporária.

Eu preciso dizer que você não é fruto do acaso. Exatamente! Sua existência não é o mero produto de um acidente cósmico ou de qualquer outra natureza. E eu poderia apontar aqui uma série de argumentos, mas meu objetivo não é te convencer de nada. Só espero que pense sobre as incontáveis coisas que fazem parte de nossas trajetórias e que fogem de uma compreensão puramente racional e material.

Tem algo muito acima disso tudo. Deus criou todas as coisas. E, além da vida, nos presenteou com a liberdade. Mas o sabor de tal presente, embora aparentemente doce, também carrega uma parte muito amarga: a sensação de vazio. O que é absolutamente angustiante.

Eu digo isso porque, para mim, o vazio e a liberdade estão intimamente relacionados. Afinal, a liberdade pode ser a causa desse sentimento de vazio, que surge quando somos confrontados com a possibilidade de escolher nosso próprio caminho na vida.

O vazio é um sentimento que pode surgir quando somos confrontados com a nossa própria liberdade. Quando nos deparamos com a possibilidade de escolher nosso próprio caminho, muitas vezes nos sentimos perdidos e confusos, sem saber qual rumo tomar. Essa falta de direção e sentido pode gerar um vazio existencial, uma sensação de que nada tem importância e de que a vida não faz sentido.

Por outro lado, a liberdade também é a chave para superar esse sentimento de vazio. Quando escolhemos um caminho e seguimos em frente, mesmo sem saber exatamente aonde ele vai nos levar, estamos exercendo a nossa liberdade e nos aproximando de uma vida com sentido e propósito.

"Nossa vida sempre expressa o resultado de nossos pensamentos dominantes."

Mas esse não é o único problema. Lidar com toda essa carga psicológica é como estar no alto de uma montanha contemplando o horizonte, com todas as possibilidades e caminhos possíveis. Nesse momento, nos damos conta de que podemos ser quem quisermos ser, viver onde desejarmos viver. Mas, ao escolher um caminho em particular, estamos inevitavelmente abrindo mão de todas as outras possibilidades que se apresentam diante de nós. É nesse momento que o desespero é fortalecido, impulsionado pela sensação de que estamos perdendo algo valioso. E isso acontece porque, ao acreditar que é possível ser bem-sucedido, realizar um sonho, viajar pelo mundo ou conquistar um patrimônio, estamos nos comprometendo a seguir um único caminho e abdicando de todas as outras opções.

A liberdade exige que você procure um sentido capaz de preenchê-lo, um propósito que efetivamente proporcione paz de espírito.

Muitos esperam encontrar significado e até plenitude construindo suas vidas sobre dois grandes pilares: narcisismo e hedonismo.

Narcisismo é um termo utilizado para descrever um comportamento excessivamente centrado em si mesmo, em que a pessoa se vê como o centro do universo e busca constantemente admiração e reconhecimento dos outros. Essa atitude pode levar a uma falta de empatia e consideração pelas necessidades e pelos sentimentos dos outros, além de uma dificuldade em aceitar críticas e rejeições.

Já o hedonismo é uma filosofia que valoriza o prazer e a satisfação dos desejos como o objetivo principal da vida. Os hedonistas acreditam que a busca pelo prazer é a chave para a felicidade e que a dor e o sofrimento devem ser evitados. Embora possa parecer uma ideia atraente, o hedonismo pode levar a comportamentos autodestrutivos e a uma falta de consideração pelas consequências de nossas ações.

O problema dessa estratégia é que quanto mais prazer o indivíduo experimenta, mais ele o deseja. Em algum momento, surge a consciência de que esse vazio interior, que recebe doses cada vez mais elevadas de euforia, é muito maior do que se imaginava.

"A raiz da infelicidade humana está na comparação."

Outros acreditam que vivendo a partir da busca compulsiva por ascensão, status e riquezas será possível remediar a sensação de vazio existencial. Eles só não contam com o fato de que a sociedade acaba proporcionando hierarquias e competições. Cada um é levado a enxergar que sempre terá alguém numa condição superior e inferior. Esse cenário gera uma constante sensação de insuficiência, na medida em que nenhuma conquista material é capaz de gerar uma satisfação verdadeira.

Na era das redes sociais, essa tendência é ainda mais acentuada, com as pessoas buscando incessantemente *likes* e seguidores para validação e autoestima. Mas essa busca incessante pela aprovação dos outros é um beco sem saída que nunca nos satisfará verdadeiramente. Ao invés disso, devemos nos concentrar em nossa própria jornada, descobrindo nossas próprias paixões e propósitos, em vez de seguir cegamente as tendências populares. A felicidade não pode ser encontrada em números de seguidores ou *likes*, mas em nossas conexões humanas reais e no nosso autoconhecimento.

O vazio existencial não pode ser solucionado de modo natural. A saída é espiritual. Contemple a vida e veja que a nossa jornada nesta terra não é meramente material. Parte significativa do nosso vazio existencial é gerada pelo materialismo porque colocamos nossa esperança naquilo que é limitado e finito, como posses materiais, prestígio e sucesso mundano. Quando essas coisas são alcançadas, percebemos que elas não trazem uma satisfação duradoura e, muitas vezes, nos deixam com um vazio ainda maior. Isso ocorre porque o materialismo nos leva a acreditar que a felicidade e a realização são encontradas nas coisas exteriores a nós.

Contudo, quando saltamos na fé, passamos a não depender mais dos nossos próprios esforços, da razão ou de qualquer obra humana. Só assim obtemos clareza sobre quem somos diante da grandeza do universo e podemos estabelecer um relacionamento com Deus.

"Acima de tudo, não se esqueça da obrigação de amar a si mesmo."

KARL MARX

Karl Marx é considerado um dos mais influentes pensadores sociais e econômicos da história. Nascido em Tréveris, na Alemanha, em 1818, Marx estudou filosofia, história e direito, formando-se na Universidade de Jena. Ele é conhecido como o principal teórico do materialismo histórico dialético e do comunismo, tendo escrito diversos livros importantes, como *Manifesto do Partido Comunista* e *O capital*.

Marx acreditava que a sociedade era dividida em classes, com os trabalhadores sendo explorados pelos proprietários dos meios de produção. De acordo com seus estudos, a luta de classes é o grande motor da história e, com o tempo, levaria ao desaparecimento da propriedade privada e ao estabelecimento de uma sociedade comunista, em que os recursos seriam distribuídos de forma justa e igualitária.

A importância de Marx reside na sua influência e no seu legado teórico e político. Sua obra revolucionou a compreensão das relações sociais e da própria economia e inspirou mobilizações dos trabalhadores em todo o mundo. Seu pensamento até hoje é estudado e debatido por filósofos, economistas, sociólogos e políticos, e sua relevância é bastante perceptível em muitos países, especialmente nos países da Europa e da América Latina.

Karl Marx casou-se com Jenny von Westphalen, em 1843, após anos de namoro. O casal teve sete filhos, sendo que três morreram na infância. Ele era um pai amoroso, apesar de sua intensa dedicação ao trabalho, e tinha um relacionamento de cumplicidade com seus filhos. A família enfrentou muitas dificuldades financeiras, e a saúde precária dos filhos também foi uma fonte constante de preocupação para o casal. Marx também foi crítico da instituição do casamento, que ele via como uma forma de opressão, e defendia a abolição da família como uma instituição burguesa.

Seu trabalho foi usado como base para o estabelecimento de regimes comunistas em vários países, incluindo a União Soviética e Cuba. Embora esses governos tenham enfrentado muitos desafios e críticas severas, eles ainda são vistos como manifestações concretas do marxismo.

POR QUE EXISTEM TANTAS INJUSTIÇAS E DESIGUALDADES SOCIAIS NO MUNDO? COMO MUDAR ISSO?

Você está no metrô, o ar-condicionado gelado contrasta com o calor abafado da rua. As paredes são de concreto e os assentos de metal, tudo com uma aparência utilitária. O som dos trilhos se mistura com as vozes dos passageiros que entram e saem do vagão. De repente, um homem com uma barba espessa e cabelos grisalhos chama sua atenção. É Karl Marx!

Ele está sentado no assento em frente ao seu, segurando um livro com uma expressão séria no rosto. Você se aproxima dele e o cumprimenta, se apresentando como um admirador de sua filosofia. Marx responde de forma tímida e você aproveita a oportunidade para fazer sua pergunta. Ele escuta atentamente e começa a refletir sobre a questão, enquanto você continua sua viagem no metrô, contemplando a surrealidade do encontro com um dos maiores pensadores da história.

Desde a Antiguidade, o ser humano tem lutado por condições mais dignas de sobrevivência, porém, a história sempre fez questão de deixar claro que ainda enfrentamos um grande obstáculo: a exploração. Em especial a partir do estabelecimento da propriedade privada, que trouxe como consequência quase que imediata a desigualdade. E isso não se trata de uma questão moral, mas sim econômica. A exploração é resultado da luta de classes, em que uma classe domina a outra, mantendo-a subordinada a seus interesses.

Na sociedade capitalista, a classe dominante é a dos proprietários dos meios de produção, como os donos de fábricas e grandes empresários, enquanto a classe oprimida é formada pelos trabalhadores que, por sua vez, vendem sua força de trabalho. Nesse sistema, o trabalhador é explorado, pois recebe um salário abaixo do valor real de sua produção, o que garante lucros exorbitantes para o empresário. A isso dei o nome de mais-valia.

"Sem sombra de dúvida, a vontade do capitalista consiste em encher os bolsos, o máximo possível. E o que temos a fazer não é divagar acerca da sua vontade, mas investigar o seu poder, os limites desse poder e o caráter desses limites."

Além disso, o capitalismo é caracterizado pelo acúmulo constante de riquezas em poucas mãos, o que leva a uma concentração cada vez maior da renda e da propriedade. Isso resulta em desigualdades sociais acentuadas, com uma minoria privilegiada e uma grande maioria cada vez mais empobrecida. Note que a condição para que a riqueza exista é a própria pobreza. Contudo, não encontramos a proporção de um rico para cada pobre; são centenas de milhares de pobres que acabam sustentando um único membro da burguesia.

A luta de classes é inerente ao capitalismo e, como você já deve ter notado, é a principal fonte das desigualdades e injustiças sociais. No entanto, é importante ressaltar que essas desigualdades não são inevitáveis e podem ser superadas através da mobilização dos trabalhadores por uma sociedade que seja mais justa e igualitária.

"Os filósofos limitaram-se a interpretar o mundo de diversas maneiras; o que importa é modificá-lo."

Quero enfatizar também que a mudança social é possível, mas exige conscientização e organização por parte do proletariado. Não se deve esperar por uma solução mágica, mas sim ações concretas que modifiquem profundamente as estruturas sociais.

Creio que os melhores conselhos que eu poderia oferecer sejam: faça a revolução! Procure se articular em prol da tomada dos meios de produção. Seja parte do movimento de quebra da propriedade privada e do fim da sociedade de classes! Saia da inércia. Passamos um longo período apenas refletindo sobre o mundo que criamos, chegou a hora de mudar tudo.

"As ideias dominantes numa época nunca passaram das ideias da classe dominante."

Mas reconheço o grau de dificuldade envolvido na questão, que, por sinal, carrega um aspecto mencionado na pergunta: o fato de que muitas pessoas não estão preocupadas com problemas como fome, pobreza e miséria.

Isso acontece porque o capitalismo também se manifesta enquanto ideologia. O que significa dizer que ele produz uma falsa consciência sobre a realidade. Desse modo, a grande massa não enxerga os males provocados pela lógica econômica imposta pelo sistema, e até mesmo aqueles que são atingidos negativamente por tal dinâmica social acabam defendendo sua manutenção.

Assim, acabamos criando mentes alienadas em larga escala, indivíduos que não entendem que o trabalho é o fundamento real de todas as riquezas, que se colocam numa condição de objetificação e inferioridade, além de se colocarem como dependentes das relações de exploração.

Não podemos negligenciar o fato de que existe uma superestrutura que determina o funcionamento e toda a dinâmica social, o que significa que todas as estruturas são alicerçadas em apenas uma: a econômica – configurada, por sua vez, dentro dos mais puros moldes capitalistas.

Mas ninguém precisa se curvar diante de nada disso, nem se calar frente às injustiças. Procure mais conhecimento e mais consciência, para que suas ações possam gerar uma contracorrente.

"Os trabalhadores não têm nada a perder em uma revolução, a não ser suas próprias correntes."

SIGMUND FREUD

Sigmund Freud é uma figura icônica da história da psicologia e da cultura em geral. Nascido em Freiberg, na República Tcheca, em 1856, Freud se tornou conhecido por suas teorias sobre a mente humana, a psicanálise, e por sua abordagem revolucionária da psicoterapia.

Freud estudou medicina na Universidade de Viena, onde se interessou pela neurologia e pela psiquiatria. Ele começou a desenvolver suas ideias sobre a psicanálise na década de 1890, após tratar pacientes que sofriam de histeria. A partir daí, Freud estudou o inconsciente, a sexualidade e as pulsões humanas, desenvolvendo sua teoria sobre o aparelho psíquico e os mecanismos de defesa.

Uma das obras mais conhecidas de Freud é *A interpretação dos sonhos*, na qual ele apresenta a teoria sobre o significado dos sonhos e a relação entre o inconsciente e o consciente. Outra obra importante é *Totem e tabu*, na qual ele aborda temas como a cultura, o ritual, o incesto e a religião.

Freud também foi um grande defensor da psicanálise como forma de tratamento para problemas psicológicos e emocionais. Ele acreditava que a introspecção e a interpretação dos sonhos poderiam ajudar os pacientes a superar traumas e neuroses. Suas ideias revolucionárias influenciaram muitos outros psicólogos e psiquiatras, e a psicanálise se tornou uma das principais abordagens da psicoterapia.

Além de sua obra, a vida de Freud também é fascinante. Ele era um fumante assíduo de charutos e um ávido colecionador de livros – sua biblioteca pessoal continha mais de 20 mil volumes. Também colecionava antiguidades. Em sua casa em Viena, mantinha uma coleção de antiguidades e objetos de arte repleta de itens antigos, incluindo estatuetas egípcias, tapetes persas e esculturas romanas.

A filha mais nova de Freud, Anna Freud, tornou-se uma importante psicanalista por conta própria e fundou o Hampstead Child Therapy Course and Clinic, localizado em Londres.

> **NÃO TENHO CERTEZA SE ACREDITO NO AMOR. JÁ SOFRI COM ALGUMAS DECEPÇÕES E, PARA SER SINCERO, ANDO COM MEDO DE SENTIR ISSO NOVAMENTE. TEM COMO SAIR DESSA?**

Você entra no restaurante e sente o aroma delicioso dos pratos que são servidos. O local é aconchegante, com mesas de madeira escura e iluminação suave, que dá um ar intimista ao ambiente. As paredes são decoradas com pinturas que retratam cenas da cidade, que remetem a uma época mais antiga. As pessoas vão chegando aos poucos, algumas em grupos grandes e barulhentos, outras em casais mais reservados.

De repente, você vê um senhor sentado sozinho a uma das mesas, com um olhar introspectivo. Ao se aproximar, percebe que se trata do famoso Sigmund Freud. Você se apresenta e ele observa, meio desconfiado. Após uma breve conversa, você compartilha com ele sua dúvida. Ele ouve com atenção, como se estivesse refletindo, e começa a compartilhar algumas de suas ideias mais profundas sobre o assunto.

A culpa nunca foi das estrelas. O universo não está conspirando contra você, tampouco o outro teria poder suficiente para escrever o roteiro da sua vida, muito embora aquilo que escapa do nosso controle acabe gerando tristeza e dor.

"É preciso refletir: qual a sua responsabilidade na desordem da qual você se queixa?"

Sei que não é uma tarefa das mais fáceis. Até porque somos feitos de carne, mas temos de viver como se fôssemos de ferro. Entretanto, até o mais impiedoso labirinto carrega consigo uma saída. Nesse caso, contemplar nosso reflexo diante do espelho, confessando a vulnerabilidade oculta, é o mesmo que encontrar dentro de si uma bússola.

Por isso, eu afirmo: volte seus olhos para dentro, contemple suas próprias profundezas, aprenda primeiro a se conhecer. Lembre-se de que a cura não vem do esquecer, vem do lembrar sem sentir dor. É um processo. Portanto, comece a ressignificar o que te afetou, abandone a passividade e tome posse daquilo que só você é capaz de controlar: suas escolhas.

"A maioria das pessoas não quer a liberdade, pois liberdade envolve responsabilidade. E a maioria das pessoas tem medo da responsabilidade."

Não acredito que você sinta medo de viver um novo amor. Você na verdade está nutrindo o medo da sua velha dor. O amor não é capaz de machucar ninguém. Ele nunca foi e nunca será uma ferramenta de tortura. Quem assim o faz está ocultando suas reais motivações e interesses.

Provavelmente sua criança interior está abandonada, entristecida, se sentindo culpada e indigna de receber afeto. Mas é preciso estar consciente, mais uma vez, de que atitudes corretas, dignas e cheias de bondade não magoam ninguém.

Como estudioso do funcionamento da mente humana, tenho observado que as experiências vividas na infância podem ter um impacto significativo na forma como as pessoas se relacionam na juventude e vida adulta. Feridas emocionais causadas por situações traumáticas, como abuso, negligência ou abandono, podem criar bloqueios e padrões comportamentais que interferem na possibilidade de experimentar o amor de forma saudável e satisfatória. A pessoa pode desenvolver dificuldades em confiar nos outros, medo de se envolver em relacionamentos profundos, medo de ser abandonada ou rejeitada, entre outros sintomas. O tratamento adequado dessas feridas emocionais é fundamental para a superação desses padrões e para permitir o desenvolvimento de relacionamentos amorosos saudáveis e plenos.

"As massas nunca tiveram sede de verdade. Elas querem ilusões e não vivem sem elas."

O principal erro cometido pela maioria das pessoas é se deixar dominar pelo desejo que, embora seja parte de nós, em certa medida desequilibrada pode abastecer a dependência emocional e a ilusão de que o outro é perfeito, sendo capaz de preencher a nossa vida.

Também costumamos amenizar sofrimentos e suprir carências vivenciadas durante a infância nos nossos relacionamentos, sejam eles amorosos ou baseados na amizade, sempre buscando a tal carga de afetos que nos falta. Tanto que não é nada incomum identificar pessoas que projetam o pai ou a mãe no namorado ou na namorada.

A questão do autoconhecimento, defendida por tantos pensadores ao longo da história, é essencial para reverter parte significativa dessa desilusão e tratar o sofrimento. Nesse sentido, compreender a própria sexualidade, reconhecer seus sentimentos, suas emoções e seus gatilhos acarretará o desenvolvimento da sua maturidade e da inteligência emocional.

E o que vem a ser inteligência emocional? A habilidade de reconhecer e gerenciar emoções em si mesmo e nos outros. Que envolve a capacidade de identificar, compreender e expressar emoções de forma adequada, além de regular e controlar impulsos. A inteligência emocional também inclui a capacidade de estabelecer relacionamentos saudáveis, comunicar-se de forma clara e resolver conflitos de maneira eficaz. É importante porque nos permite lidar melhor com situações desafiadoras, tomar decisões mais acertadas, aumentar a empatia, criar conexões mais profundas com as pessoas e melhorar o bem-estar. A inteligência emocional pode ser desenvolvida através de práticas como autoconhecimento, meditação, terapia e exercícios de comunicação e resolução de conflitos.

"Antes de diagnosticar a si mesmo com depressão ou baixa autoestima, primeiro tenha certeza de que você não está, de fato, cercado por idiotas."

Na jornada de recuperação emocional, é crucial observar atentamente o círculo social ao nosso redor. É positivo contar com indivíduos que nos apoiam, nos fazem crescer e nos trazem ensinamentos valiosos. No entanto, estar cercado por pessoas que sugam nossas energias e nos fazem sentir mal é prejudicial para a saúde emocional. Em momentos de crise, é necessário estabelecer uma barreira protetiva e optar pela companhia de pessoas que somam, ao invés de sugarem. A seletividade no convívio é uma medida emergencial e importante para o processo de cura emocional.

CARL SAGAN

Carl Sagan foi uma das mentes mais brilhantes de sua geração, um defensor da ciência e um sonhador das estrelas. Sua importância como professor, astrofísico, cosmólogo, escritor e divulgador científico continua a inspirar e encantar pessoas pelo mundo até hoje.

Nascido em 1934, Sagan começou sua carreira acadêmica na Universidade de Chicago, onde se formou em física e astronomia. Em pouco tempo, ele se tornou um dos grandes especialistas em planetas fora do nosso sistema solar, e sua paixão pela ciência acabou se tornando sua marca registrada.

Mas Sagan foi mais do que apenas um brilhante cientista; ele foi um comunicador eficaz e apaixonado, dedicado a compartilhar seu amor pelo universo com o público em geral. Seu programa de televisão *Cosmos: uma viagem pessoal* sempre foi sucesso de audiência, e suas palestras e livros inspiraram milhões a olhar para o céu com novos olhos e a se questionar sobre a natureza da realidade e do nosso lugar no universo.

Sagan também foi um defensor fervoroso do planeta e da necessidade de preservar a vida humana e outras formas de vida na Terra. Foi um dos primeiros a alertar sobre os perigos do aquecimento global e da poluição, e seu legado continua a influenciar as discussões atuais sobre questões ambientais.

Mas, além de sua importante contribuição para a ciência e a sociedade, Sagan também era cheio de curiosidades e surpresas. Ele era apaixonado por música clássica e gostava de tocar piano e violino. Também era um grande fã de ficção científica e deu uma contribuição significativa para o gênero, escrevendo vários contos e romances ao longo de sua carreira.

Em tempos em que a desinformação é disseminada tão facilmente, Carl Sagan se destaca como um modelo a ser seguido por sua dedicação em popularizar a ciência. Seu trabalho em programas de televisão como o Cosmos permitiu que pessoas de todas as idades e origens tivessem acesso a informações científicas precisas e atualizadas, tornando a ciência mais acessível e compreensível para o grande público. Além disso, sua defesa da ciência como um método para compreender o mundo, livre de preconceitos e ideologias, serve como um exemplo importante para enfrentar a onda de descredibilização da ciência que temos visto nos últimos anos. O legado de Carl Sagan deve ser celebrado e perpetuado para que a ciência continue sendo valorizada e reconhecida como uma ferramenta vital para o progresso humano.

Carl Sagan: personalidade única, cuja paixão pela ciência, amor pela vida, curiosidade, senso crítico e desejo de compartilhar conhecimento continuam a mover mentes inquietas. Seu legado como um sonhador das estrelas, defensor da legitimidade e da beleza da ciência permanece como uma luz brilhante na escuridão do universo.

COM DIFERENTES IDEIAS COMPARTILHADAS NAS UNIVERSIDADES, REDES SOCIAIS, MÍDIAS E ESPAÇOS PÚBLICOS, EM QUEM EU DEVERIA ACREDITAR?

Você adentra o planetário e imediatamente é envolvido pela magia do lugar. O ambiente é escuro e silencioso, com a única iluminação vindo dos projetores que desenham o céu noturno no teto.

O ar-condicionado mantém a temperatura agradável e uma suave música de fundo complementa a atmosfera.

A arquitetura do planetário é impressionante, com enormes cúpulas que parecem flutuar no ar e uma profusão de luzes coloridas que piscam em padrões hipnotizantes. Você se juntou a uma pequena multidão de pessoas que aguardam ansiosamente pelo início da apresentação.

De repente, uma figura aparece ao seu lado. É ninguém menos que Carl Sagan, o famoso astrônomo e cientista. Você mal pode acreditar no que vê enquanto ele o cumprimenta e se apresenta. Logo em seguida, seu questionamento é colocado em pauta e o grande cientista inicia suas considerações.

Bem, esse é um questionamento e tanto! De fato, estamos sendo atingidos por versões bastante distintas e conflitantes acerca dos mais variados temas, mas é preciso ter em mente que cada esfera social tem uma perspectiva diferente, e os portadores de tais ideias acabam defendendo pontos de vista variados. Na maioria dos casos, formuladas dentro de uma visão muito subjetiva, adequada aos interesses e crenças de cada um.

É verdade que algumas pessoas demonstram certa frustração pelo fato de que o nosso planeta figura como um mundo insignificante no universo, mas prefiro pensar que não é a melhor saída tentar impor nossas vontades sobre a natureza. O que quero dizer com isso? Qual seria o meu conselho inicial? Bem, o que vou dizer não serve apenas para o âmbito da astronomia; serve, categoricamente para tudo: a melhor alternativa sempre será entender as coisas como elas realmente são.

Lidamos constantemente com a dificuldade de chegar a um consenso ou de encontrar credibilidade em debates sobre temas polêmicos, como política, economia, origem do universo e existência de vida em outros planetas, e isso é resultado de uma série de fatores complexos.

Um dos principais fatores é a polarização política e ideológica. Cada vez mais, as pessoas estão se identificando com grupos específicos, e isso pode levar a uma visão estreita e dogmática de questões profundas e multifacetadas. As pessoas podem se recusar a considerar outras perspectivas ou evidências que contradizem suas crenças pessoais, o que pode dificultar o diálogo e a busca por um consenso.

"O cérebro é como um músculo. Quando pensamos bem, nos sentimos bem."

Estamos aqui como uma pequena pluma, girando ao redor de uma estrela insignificante, o Sol. E essa mesma estrela está situada numa obscura periferia de uma galáxia comum, a Via Láctea, que contém 400 bilhões de outras estrelas. E essa galáxia é apenas mais uma, dentre 100 bilhões de outras galáxias que formam o universo.

Com o que apontam novas pesquisas, agora começa a parecer que esse tal universo é meramente mais um, dentre um enorme número, talvez até infinito, de outros universos fechados.

Então a ideia de que somos o centro, de que somos a razão pela qual todas as coisas existem é, para dizer o mínimo, patética.

"Não é possível convencer um crente de coisa alguma, pois suas crenças não se baseiam em evidências; baseiam-se numa profunda necessidade de acreditar."

Nós precisamos apenas nos ater ao universo real, em que estamos existindo. E se mitos, crenças e religiões são inconsistentes com isso, é o momento de alterá-los.

Estudar e procurar conhecer o cosmos de maneira racional e objetiva sempre se mostrou o caminho mais interessante a ser adotado pelo ser humano. O ponto é que não estaremos imunes aos discursos desconectados dessa proposta. Mas mesmo assim continue duvidando e buscando evidências que possam sustentar suas ideias, tendo as mais diversas ciências como suas aliadas.

O negacionismo científico tem se tornado um problema cada vez mais evidente em nossa sociedade. Com a facilidade de acesso à informação, muitas pessoas acabam caindo na armadilha de acreditar em teorias conspiratórias ou em informações duvidosas sem o respaldo científico necessário. Essa postura pode trazer consequências graves e até fatais para a saúde, o meio ambiente e outras áreas.

Um exemplo disso é a crescente resistência ao uso de vacinas, que tem permitido o ressurgimento de doenças que estavam praticamente erradicadas em diversas partes do mundo. Outro exemplo é a negação da existência das mudanças climáticas e sua relação com as atividades humanas, o que pode ter consequências desastrosas para o planeta.

Além disso, o negacionismo científico pode afetar a tomada de decisões políticas e econômicas, pois muitas vezes essas decisões são baseadas em informações distorcidas ou errôneas. Isso pode gerar políticas públicas ineficazes ou até mesmo prejudiciais à população.

É fundamental que busquemos sempre a objetividade, racionalidade e evidências concretas. A ciência é uma ferramenta poderosa para compreender o mundo e solucionar problemas, e por isso é importante que seja levada a sério e respeitada.

Devemos sempre lembrar que a ciência não é uma verdade absoluta e imutável, mas sim um processo em constante evolução. Novas descobertas e informações são adicionadas constantemente, e é necessário estar sempre disposto a rever suas crenças e opiniões a partir de novos dados e pesquisas.

Em suma, como já destaquei, quero reforçar que é muito importante que você se lembre de que o conhecimento verdadeiro não é algo que se pode obter com facilidade ou rapidez. É uma busca constante e exigente que requer paciência, perseverança e capacidade crítica. A verdade não se preocupa com as nossas crenças, e sim com os fatos. Portanto, mantenha a mente aberta e esteja disposto a mudar suas ideias caso os fatos apontem para outra direção.

"Não é preciso ter pressa, se se é cientista, em resumir tudo a um conjunto de princípios ou de rótulos. Temos uma capacidade surpreendente para construir modelos mentais do mundo, para dar forma e coerência às nossas experiências caóticas. Mas esses modelos devem ser constantemente avaliados e questionados à luz da experiência. (...) O racismo, o nacionalismo, o sexismo e outras formas de preconceito, explícitas ou veladas, são perigosos porque, enquanto ignoramos o vasto leque de diferenças

individuais e experiências, podemos cair facilmente na armadilha de pensar que todo mundo se encaixa em alguns tipos previamente definidos e limitados."[1]

Além disso, é fundamental que você aprenda a distinguir entre fontes confiáveis e não confiáveis de informação. Hoje em dia, estamos inundados de informações que vêm de fontes diversas e nem sempre confiáveis. É preciso ter um olhar cético e saber filtrar as informações, buscando evidências e provas. Valorize referências científicas e acadêmicas, pesquise os autores e verifique se eles são especialistas no assunto em questão.

Não se deixe enganar por falácias e argumentos ilógicos. Aprenda a reconhecê-los e a evitá-los. Argumentos baseados em preconceitos, opiniões pessoais e emoções são fracos e não têm valor na busca pela verdade. Busque sempre por afirmações coerentes e lógicas e esteja preparado para as armadilhas do senso comum, já que boa parte da média do que as pessoas defendem não tem base em fatos sólidos.

Por fim, a verdade não é algo que se pode possuir, mas sim algo que se deve buscar constantemente. Não se deixe intimidar pelas vozes que tentam dissuadi-lo de sua capacidade crítica. Acredite em si mesmo, mantenha uma mente lúcida e perseverante e saiba que a busca pelo conhecimento verdadeiro é uma das aventuras mais gratificantes que se pode empreender.

---

1   SAGAN, Carl. *O mundo assombrado por demônios*. São Paulo: Companhia das Letras, 2006, p. 24-25.

ERVING GOFFMAN

Erving Goffman, um dos grandes nomes da sociologia do século XX. Um estudioso perspicaz que alterou a maneira como entendemos a interação social. Nascido em 11 de junho de 1922, em Mannville, Canadá, Goffman começou a estudar sociologia na Universidade de Toronto, onde se formou em 1933. Após concluir seus estudos, ele seguiu para a Universidade de Chicago, onde trabalhou com alguns dos maiores pensadores da sociologia, incluindo George Herbert Mead e Erving Blumer.

Goffman teve uma carreira acadêmica brilhante, lecionando em várias universidades, incluindo as de Pennsylvania, Califórnia e Berkeley. Ao longo de sua carreira, ele escreveu sete livros que apresentaram uma maneira inovadora de analisar a dinâmica do processo de socialização e a forma como nos apresentamos ao mundo.

Seu primeiro livro, *Representação do eu na vida cotidiana*, publicado em 1959, é considerado um clássico da sociologia. Neste livro, Goffman apresenta a teoria da "face" e da "apresentação de si". Ele argumenta que todos nós mantemos uma "face" social – a imagem pública que apresentamos ao mundo – e que essa face é baseada em nossas relações. Nós trabalhamos constantemente para manter nossa face, e as pessoas ao nosso redor trabalham para manter a delas.

Outros livros de Goffman são *Estigma: notas sobre a manipulação da identidade deteriorada*, *Encontros: dois estudos na sociologia da interação* e *Comportamento em lugares públicos: notas sobre a organização social dos ajuntamentos*. Todos esses livros têm relevância profunda na sociologia e em outras áreas, incluindo antropologia, psicologia, história, direito e comunicação.

Uma de suas ideias mais famosas é a de que as pessoas são como atores em um palco, que desempenham diferentes papéis de acordo com as situações em que se encontram. Goffman também utilizou a metáfora da máscara para descrever como as pessoas podem apresentar diferentes identidades ou personalidades dependendo do contexto em que se encontram. Essas ideias foram fundamentais para a compreensão das interações sociais e dos mecanismos de controle e manipulação que ocorrem na vida em sociedade.

Além de sua teoria da "face" e da "apresentação de si", Goffman também é conhecido por sua abordagem peculiar sobre o funcionamento dos espaços sociais, levando em conta aspectos culturais e econômicos. Ele costumava se disfarçar como um observador para estudar interações em contextos diversos, como hospitais psiquiátricos e asilos. Essa observação participante, imersiva, permitiu-lhe obter uma compreensão profunda e detalhada da sociedade e dos processos coletivos subjacentes. Goffman faleceu em 19 de novembro de 1982.

NÃO ESTOU CONSEGUINDO LIDAR COM TANTA HIPOCRISIA. QUE TIPO DE POSTURA DEVO ADOTAR?

Você está saindo do estacionamento em direção ao auditório da universidade, quando percebe uma grande agitação no pátio à sua frente. Curioso, você se aproxima e vê que a multidão está se reunindo em torno de um homem alto e elegante, que está falando com entusiasmo para os estudantes.

Conforme se aproxima, percebe que o homem é ninguém menos que Erving Goffman, um dos maiores pensadores da sociologia. Ele parece muito à vontade, cercado por estudantes que fazem perguntas e buscam seus conselhos. Você decide se juntar ao grupo e se aproxima com cuidado. Ao se apresentar para Goffman, você percebe que ele é muito atencioso. Ele ouve com interesse sua pergunta e oferece uma resposta perspicaz e cheia de *insights*.

A vida funciona como um grande espetáculo teatral. Cada pessoa carrega suas próprias fantasias, ao passo que também é preciso ter certa habilidade para lidar com palcos, roteiros, figurinos, falas e máscaras variadas. Assim, todos estão comprometidos, em maior ou menor grau, com rituais puramente teatrais.

Não é nada inteligente se deixar levar pela negação da trama em questão. Até porque não é preciso ser dotado de superpoderes, basta um olhar minimamente atento para perceber o esforço de cada pessoa diante da tarefa urgente que é atuar. Isso mesmo! Não temos nada mais do que atores e atrizes sociais performando.

Por sinal, se tornou comum a ascensão e queda de determinados indivíduos, não necessariamente graças ao valor e caráter de cada um, mas em virtude da habilidade de performar de maneira satisfatória em determinados enredos sociais.

Por exemplo, imagine um ambiente de trabalho em que um funcionário é promovido a um cargo de liderança. Esse funcionário pode se sentir pressionado para agir de uma maneira específica, seguindo as expectativas sociais associadas a esse papel de liderança. Ele pode adotar uma postura mais confiante e autoritária, falar de maneira mais assertiva ou mesmo se vestir de modo mais formal.

Se observarmos esses comportamentos de maneira mais atenta, podemos perceber que eles não são simplesmente um reflexo da personalidade ou da vontade individual do funcionário. Eles são, na verdade, uma performance social, uma forma de agir de acordo com as expectativas e normas sociais associadas ao papel de liderança.

> *"Quando um indivíduo desempenha um papel, ele implicitamente pede que seus outros participantes entrem em um acordo momentâneo quanto às credenciais que ele deve ter na situação."*

Os indivíduos não constroem representações de si mesmos aleatoriamente ou sem um determinado propósito. A ideia é justamente poder, de alguma maneira, direcionar as interações dos demais. Assim, cada encenação é baseada nas impressões que cada um é capaz de causar no outro, o que proporciona uma encenação muito maior.

Para cumprir seu propósito e desempenhar uma atuação de qualidade, cada ator ou atriz social precisa fazer uso de uma fachada pessoal, que nada mais é do que a articulação coerente entre postura e aparência. Por sinal, a devida integração entre eles é fator *sine qua non* para que a segurança da representação do papel seja alcançada.

O que acontece quando nossas máscaras caem?

Cada um procura construir a projeção de imagens melhoradas de si mesmo, ressaltando traços reconhecidos, admirados e valorizados pelo grupo, com o propósito de causar uma impressão positiva.

A idealização é algo comum em nossas vidas. Quando admiramos alguém, muitas vezes acabamos criando uma caricatura dos padrões e características ideais que gostaríamos de ter. Um exemplo disso é a busca incessante pela beleza perfeita, o que leva as pessoas a fazerem procedimentos estéticos, como botox e preenchimentos faciais. Esses atributos são muitas vezes artificiais, mas mesmo assim são perseguidos como padrões ideais. Essa idealização também é influenciada pelas emoções e pela capacidade humana de fantasiar.

Quando as máscaras caem, o choque entre aparência e realidade pode ser grande. Por exemplo, quando conhecemos alguém virtualmente e depois encontramos pessoalmente, muitas vezes a pessoa não corresponde à imagem que criamos em nossa mente. Isso acontece porque parte significativa daquilo que é exteriorizado não corresponde ao que realmente o indivíduo é. Assim, surge um conflito entre o eu demasiadamente humano e nosso eu socializado. A quebra de confiança é inevitável, porque mesmo que todos estejam atuando em determinada situação, não costumamos tolerar quando alguém deixa isso tão evidente.

"*A sociedade é um manicômio dirigido pelos próprios pacientes.*"

O olhar constante para o externo, todas as impressões que podem ser causadas e os eventuais ganhos obtidos através de boas performances fazem com que a ideia de autenticidade fique cada vez mais distante. Tanto que encontramos certa dificuldade para encarar nossos sentimentos e definir quem de fato somos.

Penso que a melhor forma de lidar com a hipocrisia seja compreendendo a teatralidade da vida em sociedade. Rompendo com a ingenuidade de uma visão puramente romântica, não se submetendo aos abusos de quem quer que seja e não se colocando em relações que reduzam sua sanidade.

"*Não é provavelmente um mero acidente histórico que a palavra 'pessoa', em sua acepção primeira, queira dizer máscara. Mas, antes, o reconhecimento do fato de que todo homem está sempre e em todo lugar, mais ou menos, conscientemente, representando um papel (...) São nesses papéis que nos conhecemos uns aos outros; são nesses papéis que nos conhecemos a nós mesmos. Em certo sentido, e na medida que esta máscara representa a concepção que formamos de nós mesmos – o papel que nos esforçamos por chegar a viver –, esta máscara é o nosso mais verdadeiro eu, aquilo que gostaríamos de ser. Ao final a concepção que temos de nosso papel torna-se uma segunda natureza e parte integral de nossa personalidade. Entramos no mundo como indivíduos, adquirimos um caráter e nos tornamos pessoas.*"[2]

---

2   GOFFMAN, Erving. *A representação do eu na vida cotidiana*. Petrópolis: Vozes, 2009. p. 41.

PIERRE BOURDIEU

Pierre Bourdieu foi um sociólogo francês de renome mundial, cuja vida e obra contribuíram para a ampliação da compreensão da sociedade e da cultura. Nascido em Denguin, França, em 1930, Bourdieu estudou filosofia e sociologia antes de se tornar professor universitário. Sua carreira acadêmica incluiu longos períodos como professor na École des Hautes Études en Sciences Sociales e na École Normale Supérieure, ambas em Paris.

Bourdieu é reconhecido por sua teoria da prática, que explora como as ações humanas são determinadas pelas estruturas sociais e culturais que as cercam. Ele argumentou que as práticas sociais são moldadas por estruturas sociais mais amplas, como classe, gênero e raça, e que as pessoas agem de acordo com essas estruturas sem necessariamente serem conscientes disso.

Outra contribuição importante de Bourdieu foi a noção de *habitus*, que descreve a forma como as pessoas internalizam as estruturas sociais e as incorporam em suas práticas diárias. Segundo ele, o *habitus* é o resultado da interação entre a estrutura social e a biografia individual de uma pessoa.

Além de suas teorias, Bourdieu também foi conhecido por sua abordagem crítica e interdisciplinar, que incorporou elementos da antropologia, da filosofia e da história, além da sociologia. Ele usou sua teoria da prática para examinar questões sociais complexas, como a forma como as relações de poder e dominação são perpetuadas através de práticas culturais.

Uma curiosidade interessante sobre ele é que, antes de se tornar um renomado acadêmico, Bourdieu serviu no exército francês durante a Guerra da Argélia e teve experiências que influenciaram sua visão crítica sobre o sistema de ensino e as estruturas de poder da França. Além disso, ele também foi um exímio jogador de cabo de guerra e, em 1958, competiu no campeonato francês representando a École Normale Supérieure de Saint-Cloud.

Bourdieu deixou uma marca profunda na sociologia e na cultura, e suas ideias continuam sendo estudadas, gerando pesquisas e debates em diversas áreas. Suas obras, incluindo *A distinção: crítica social do julgamento* e *A lógica da prática*, são consideradas clássicos na literatura acadêmica e amplamente utilizadas em cursos de sociologia e estudos culturais em todo o mundo.

SÃO NUMEROSOS ESPAÇOS SOCIAIS, COM SUAS REGRAS, HIERARQUIAS E COMPETIÇÕES. COMO SOBREVIVER?

Você está caminhando pela rua movimentada, observando as pessoas que passam apressadas e os vendedores ambulantes que gritam suas ofertas. Ao chegar à banca de jornal, você nota um homem bem-vestido, de óculos, segurando alguns livros. De repente, percebe que é Pierre Bourdieu, o famoso sociólogo francês. Ele parece estar olhando para os livros expostos na banca, mas sua expressão é séria e pensativa.

Ao se aproximar lentamente, você evita chamar a atenção de imediato. Quando já está perto o suficiente, cumprimenta e se apresenta. No início, parece que ele não está muito simpático, mas, com o tempo, o gelo é quebrado e a conversa começa a fluir. Tudo isso a partir do seu questionamento.

Por mais que façamos tentativas para manter uma visão otimista e até poética sobre a vida, as injustiças aparentemente se mostram na vanguarda da destruição de qualquer mínima demonstração desse tipo de olhar. Não sei se você percebeu como todos os espaços sociais possuem suas respectivas configurações, lógicas e posições, mas é assim que tudo funciona: poder para uma minoria e exclusão para a maioria. Eles, os que desfrutam de privilégios, criam incontáveis artifícios para ocultar como o jogo da vida funciona, até conseguem adeptos entre os que sofrem. Só não contavam com algumas mentes e vozes subversivas pelo caminho.

"Gostaria de começar a dizer que devemos ter presente que não há um racismo, mas racismos: há tantos racismos como grupos que têm necessidade de se justificar por existirem como existem, o que constitui a função invariante dos racismos."

Acredito que seja um fato que todo mundo sofreu ou conhece alguém que tenha sido vítima de alguma manifestação de intolerância, preconceito, privação de direitos, objetificação, exploração, marginalização, inferiorização e outras coisas do tipo. Nada disso acontece por acaso.

A democratização do que quer que seja, até o presente momento, não passa de uma utopia ou mera estratégia para alimentar falsas esperanças. O que temos diante de nós é na verdade um grande desafio, para não dizer uma grande batalha.

A ação histórica não é algo isolado ou individual, mas sim resultado de uma relação complexa entre o indivíduo e a sociedade. Por exemplo, um governante não toma decisões apenas com base em sua consciência, mas também com base nas instituições históricas e em seu *habitus*, que é o conjunto de disposições e hábitos adquiridos ao longo da vida. Da mesma forma, um operário não age apenas como um objeto da sociedade, mas sim como um sujeito que age em resposta às instituições.

Penso que a partir do momento em que nascemos e somos inseridos nesse drama existencial cada um passa a ser alvo da sociedade e consequentemente moldado por ela. Entretanto, demonstramos a capacidade de afetar o sistema social e até reconfigurar certos cenários. O que só é possível à medida que "jogamos o jogo" e tomamos posse das ferramentas corretas.

A obtenção de capitais, sejam eles econômicos, culturais ou simbólicos, pode ser um fator determinante para que um indivíduo exerça maior protagonismo na vida em sociedade. Isso porque os capitais podem abrir portas para diferentes esferas sociais e possibilitar a aquisição de recursos e contatos importantes para a construção de uma posição de destaque. No entanto, é importante destacar que o protagonismo não depende apenas da quantidade de capitais que alguém possui, mas também da habilidade em utilizá-los de forma estratégica e eficiente para influenciar e transformar a realidade.

Um exemplo prático disso pode ser visto na área política, na qual a obtenção de capital político, por meio do acúmulo de cargos e do estabelecimento de alianças, pode ser essencial para que um indivíduo exerça maior poder de influência e liderança em seu meio social. Além disso, a acumulação de capital cultural, como o domínio de idiomas e a participação em eventos acadêmicos e culturais, pode permitir a construção de redes de contatos importantes para a realização de projetos e iniciativas que contribuam para o bem-estar da sociedade.

É preciso entender o funcionamento de cada espaço que ocupamos, suas hierarquias, seus antagonismos e rituais. A partir dessa compreensão, será possível afetar o meio, tanto quanto ele nos afeta. De que forma? Como mencionei anteriormente, por meio dos capitais.

O capital cultural diz respeito ao conjunto de nossos saberes e conhecimentos. Já o capital econômico reflete a quantidade de riquezas materiais que alguém possui, enquanto o capital social contempla os vínculos e laços humanos construídos através de relações, como no âmbito profissional. Por fim, o capital simbólico indica a "qualificação" da imagem de uma pessoa, levando em conta aspectos como padrões de beleza, estatura e origem.

A partir do acúmulo, de qualquer um dos capitais, o indivíduo será capaz de atuar de forma mais contundente na sociedade, enfrentando menos resistência do que alguém que não possui tais riquezas.

"Parece necessário você se interrogar sobre a ausência de interrogação."

Qualquer indivíduo, empresa, grupo ou instituição que desenvolva uma atuação em prol do silenciamento de quem quer que seja meramente trabalha para que as desigualdades sejam acentuadas. Entretanto, a história sempre mostrou que o silêncio diante da injustiça não faz parte da conduta daqueles que não deixaram de ser humanos.

Pierre Bourdieu

ZYGMUNT BAUMAN

Zygmunt Bauman foi um sociólogo polonês e uma das figuras mais importantes e influentes de sua geração. Nascido em Posnânia, Polônia, em 1925, Bauman passou a maior parte da sua carreira acadêmica como professor universitário e escritor. Sua obra abrangeu uma ampla gama de temas, incluindo a modernidade, a globalização, a vida urbana, a tecnologia, a construção do espaço urbano, a força das ideologias e a forma como a sociedade se relaciona com o poder e a autoridade.

Uma das teorias mais conhecidas de Bauman é a de que estamos mergulhados em uma "modernidade líquida", em que a vida se tornou incerta e as relações sociais são mais instáveis e voláteis do que nunca. Ele argumentou que a vida moderna é marcada por uma série de mudanças aceleradas, incluindo a globalização e a tecnologia, que tornam as relações sociais mais complexas e difíceis de serem compreendidas.

Bauman também é conhecido por sua abordagem crítica do projeto moderno e da globalização e examina como esses fenômenos afetam nossa visão de mundo e a própria concepção de coletividade. Ele argumentou que a modernidade cria novas formas de exclusão e opressão e que a globalização aumenta a desigualdade econômica e social ao redor do mundo.

Outra contribuição importante de Bauman foi sua teoria sobre a "sociabilidade líquida", que descreve a forma como o desenvolvimento do capitalismo e a adoção em larga escala de novas tecnologias tornam as relações sociais menos estáveis e mais difíceis de serem mantidas. Segundo ele, as relações sociais se tornaram mais frágeis como resultado desse processo, e as pessoas precisam se esforçar cada vez mais para manter conexões sociais e formar relacionamentos duradouros.

Bauman deixou uma marca incomparável na sociologia e na cultura, e suas análises desencadearam profundos debates em várias esferas da sociedade. Seus livros *Modernidade e holocausto* e *Amor líquido* são considerados clássicos da literatura acadêmica e amplamente utilizados em cursos de sociologia e estudos culturais em todo o mundo.

....

COM DIVERSAS REDES, LIKES, FAKES, HATES, FOLLOWS E UNFOLLOWS... É COISA DEMAIS. SINTO QUE NÃO CONSIGO ME ENVOLVER COM AS PESSOAS. ME SINTO PÉSSIMO COM TUDO ISSO. E AGORA?

....

Você se encontra no aeroporto, rodeado por pessoas de diferentes culturas e nacionalidades. O ambiente é barulhento e agitado, com pessoas apressadas andando de um lado para o outro. No meio dessa agitação, você vê Zygmunt Bauman sentado em uma cadeira, aparentemente calmo e sereno.

Decide se aproximar dele com cuidado, tentando não parecer invasivo. Quando está perto o suficiente, o cumprimenta e se apresenta. Ele parece uma pessoa amigável e receptiva, então você decide fazer a pergunta. Bauman ouve atentamente e começa a refletir sobre a questão.

O sistema prega continuamente que é preciso vencer na vida e que tal vitória está ligada à capacidade de consumir, estar conectado e ser visto. Com base nessa lógica, pouco a pouco, definimos uma mentalidade materialista e narcisista. Logo, de maneira quase que inevitável, nossos velhos dilemas persistem, mas agora assumem contornos distópicos.

Você deve estar se perguntando: "Como assim? Por que está acontecendo tudo isso?".

Vou começar te dizendo que não adianta ter e conquistar o que quer que seja com o propósito de ser feliz sem usufruir de segurança e liberdade. Note que não adianta ser milionário e poder comprar um imenso aparato de segurança, pois automaticamente faltará liberdade.

Morar numa bela propriedade cercada por muros altos, com seguranças particulares treinados e câmeras de monitoramento, te colocaria num cenário semelhante ao de um cárcere. É, ainda assim você seria rico e teria segurança. Tem razão. Entretanto, como eu disse, faltaria liberdade. Por outro lado, sempre que experimentamos a liberdade, seja num relacionamento, carreira profissional ou até mesmo no mercado financeiro, acabamos sendo golpeados por uma carga de insegurança e instabilidade.

Em suma, quanto mais usufruímos da segurança, menos liberdade teremos. E quanto mais exercitamos a liberdade, acabamos contando com menos segurança. Esse cenário dramático acaba revelando a principal fonte do nosso mal-estar.

Um exemplo disso é a instalação de câmeras de segurança em uma cidade para monitorar o movimento de pessoas e identificar possíveis criminosos. Embora isso possa aumentar a segurança, a privacidade dos indivíduos pode ser comprometida. Outro cenário pode ser a falta de regulamentação em um mercado financeiro, o que pode levar a fraudes e perdas financeiras para investidores desavisados. Embora haja mais liberdade para as empresas atuarem sem restrições, os investidores estão mais expostos a riscos. Ambos os exemplos ilustram como há uma relação inversa entre segurança e liberdade.

Quando analisamos o projeto moderno de vida em sociedade, é bastante evidente a opção feita pelos nossos antepassados. Entre liberdade e segurança, fazendo uso de um e automaticamente abrindo mão do outro, a opção foi pela segurança. Como assim? Mas o que isso quer dizer, afinal?

A partir do século XVI, temos o início da construção de uma ideia de coletividade caracterizada por: instituições fortes, imposição de padrões, longa durabilidade das relações e dos objetos criados, além de controle e estabilidade. Configuração que se manteve firme até a primeira metade do século XX.

Nesse sentido, não é difícil enxergar, por exemplo, o quanto muitos dos nossos avós tiveram uma vida segura, estável e até certo ponto previsível, mas deixando de usufruir da autonomia. O resultado disso? A continuidade do mal-estar e da felicidade apenas enquanto meta a ser alcançada, e não experimentada.

"Vivemos tempos líquidos. Nada é para durar."

Foi a partir da segunda metade do século XX que iniciamos um movimento de desconstrução da estrutura anterior. Passamos a abdicar da segurança em prol da liberdade. Podemos destacar o movimento hippie, que contestava a cultura dominante e os valores tradicionais; o movimento feminista, que lutou pelos direitos e liberdade das mulheres; o movimento pelos direitos civis, que buscava a igualdade racial e a superação do racismo; e o movimento LGBTQ+, que lutou contra a discriminação e pelo reconhecimento dos direitos das pessoas queer. Todos esses movimentos buscavam a liberdade individual e a valorização das diferenças, rompendo com os padrões estabelecidos pela sociedade conservadora da época. Assim, tais movimentos, Ocidente afora, acabaram evidenciando essa ruptura, marcada pelo enfraquecimento das instituições, quebra de padrões, efemeridade e descartabilidade das relações e dos objetos criados, além da instabilidade, incerteza e medo do futuro.

As novas ferramentas tecnológicas e a comunicação através das redes sociais abriram outras perspectivas de vida, provocando mudanças profundas no ideal de civilização. Afinal, a busca cada vez mais intensa pela liberdade não deixaria as coisas como elas sempre foram. Assim passamos não apenas a valorizar, mas alimentar uma verdadeira compulsão pela praticidade, objetividade e velocidade. Nunca fomos tão imediatistas, narcisistas e hedonistas como no mundo líquido moderno. Sempre on-line, quase nunca completamente off-line.

"Um viciado em Facebook gabou-se para mim uma vez de que havia feito 500 amigos em um dia. Minha resposta foi que eu vivi por 86 anos, mas não tenho 500 amigos. Eu não consegui isso. Então, provavelmente, quando ele diz 'amigo', e eu digo 'amigo', não queremos dizer a mesma coisa. São coisas diferentes.

Quando eu era jovem, nunca tive o conceito de 'redes'. Eu tinha o conceito de laços humanos, de comunidade, esse tipo de coisa, mas não redes. Qual é a diferença entre comunidade e rede? A comunidade precede você. Você nasce numa comunidade. Por outro lado, temos a rede. O que é uma rede? Ao contrário da comunidade, a rede é feita e mantida viva por duas atividades diferentes. Uma é conectar e a outra é desconectar.

E eu acho que a atratividade do novo tipo de amizade, o tipo de amizade do Facebook, como eu a chamo, está exatamente aí. Que é tão fácil de desconectar. É fácil conectar, fazer amigos. Mas o maior atrativo é a facilidade de se desconectar. Imagine que o que você tem não são amigos on-line, conexões on-line, compartilhamento on-line, mas conexões off--line, conexões de verdade, face a face, corpo a corpo, olho no olho.

Então, romper relações é sempre um evento muito traumático. Você tem que encontrar desculpas, você tem que explicar, você tem que mentir com frequência e, mesmo assim, você não se sente seguro porque seu parceiro diz que você não tem direitos, que você é um porco etc. É difícil, mas na internet é tão fácil, você só pressiona 'excluir' e pronto.

Em vez de 500 amigos, você terá 499, mas isso será apenas temporário, porque amanhã você terá outros 500."[3]

Os laços humanos são uma mistura de benção e maldição. Benção porque é realmente muito prazeroso, muito satisfatório, ter outro parceiro em quem confiar e fazer algo por ele ou ela. É um tipo de

---

[3] Transcrição de trecho de entrevista para Fronteiras do Pensamento, em julho de 2011.

experiência indisponível para a amizade no Facebook; então, é uma benção. E eu acho que muitos jovens não têm nem mesmo consciência do que eles realmente perderam, porque nunca vivenciaram esse tipo de situação.

Por outro lado, há a maldição, pois, quando você entra no laço, espera ficar lá para sempre. Você faz um juramento: até que a morte nos separe, para sempre. O que isso significa? Significa que você empenha o seu futuro naquilo. Talvez amanhã, ou no mês que vem, haja novas oportunidades – agora, você não consegue prevê-las – e você não será capaz de pegá-las, porque ficará preso aos seus antigos compromissos, às suas antigas obrigações.

Então, é uma situação muito ambivalente. E, consequentemente, um fenômeno curioso dessa pessoa solitária numa multidão de solitários. Estamos todos numa solidão e numa multidão ao mesmo tempo.

Compreendo sua preocupação em relação à efemeridade dos relacionamentos na modernidade líquida. É fato que a fluidez dos laços sociais é uma característica marcante da sociedade contemporânea e que isso pode gerar uma sensação de solidão e desconexão. No entanto, é importante lembrar que essa fluidez não é uma novidade absoluta e que sempre houve mudanças nas formas de relacionamento ao longo da história. O que importa é estar atento às formas pelas quais essas mudanças afetam nossas vidas e agir de forma consciente e crítica para construir relações mais duradouras e significativas.

Uma forma de lidar com a efemeridade dos relacionamentos é buscar por espaços de convivência e comunidades que valorizem a proximidade e a intimidade. Isso pode acontecer em diferentes âmbitos, seja na família, no trabalho, em grupos religiosos, em atividades culturais ou esportivas, entre outros. Além disso, é importante estar aberto ao diálogo e ao encontro com o outro, sem se deixar levar pela superficialidade das relações virtuais. Ao buscar conexões mais autênticas e profundas, é possível encontrar sentido e pertencimento em meio a um mundo que parece cada vez mais fragmentado.

CHICO BUARQUE

Francisco Buarque de Hollanda, mais conhecido como Chico Buarque, nasceu em 19 de junho de 1944, no Rio de Janeiro, Brasil. Seu pai, Sérgio Buarque de Hollanda, era um renomado historiador e escritor, enquanto sua mãe, Maria Amélia Cesário Alvim, era pianista e professora de música. Chico cresceu rodeado de intelectuais e artistas, tendo contato com a música e a literatura desde muito cedo.

Desde muito jovem, Chico já se destacava pelo seu grande talento musical, combinando letras poéticas com melodias únicas e inesquecíveis. Ao longo de sua carreira, ele explorou uma variedade de temas, sempre com uma sensibilidade ímpar e um toque de genialidade.

A vida e a obra de Chico Buarque são verdadeiros presentes para o mundo da música. Sua voz tranquila e suas composições emotivas nos tocam grandemente, mexendo com nossas emoções mais profundas. Entre seus sucessos estão "Construção", uma música forte e envolvente que fala sobre as condições de trabalho dos operários, e "Apesar de você", uma crítica mordaz ao regime militar que comandava o Brasil na época.

Mas Chico não é apenas um músico engajado e politizado; ele também é um grande intérprete de canções românticas. Músicas como "Tanto mar" e "Samba e amor" são exemplos de sua habilidade em capturar a essência da passionalidade.

A influência de Chico na música brasileira é algo tão grandioso que fica difícil tentar mensurar de alguma forma. Ele é uma figura inspiradora para muitos artistas, tanto no Brasil quanto no exterior. Seu talento e sua dedicação à arte são evidências de que a música pode ser uma força poderosa de expressão e mudança.

Chico Buarque é um ícone da cultura brasileira, um artista cuja música e cujas letras resistem ao tempo e continuam a tocar os corações das pessoas. Sua visão é uma inspiração para todos. Um exemplo de como a arte pode nos conectar uns aos outros e ao mundo que nos cerca.

Vale salientar que ele começou a escrever músicas aos 18 anos, enquanto ainda estudava arquitetura na Universidade de São Paulo (USP). Seu primeiro grande sucesso foi a música "A banda", de 1966. A canção ganhou o Festival de Música Popular Brasileira da TV Record naquele ano. Durante a ditadura militar no Brasil, Chico foi exilado por um período de três anos em Roma, na Itália.

Ele é o único artista que já ganhou o Prêmio Jabuti, o mais importante prêmio literário do Brasil, em duas categorias diferentes – em 1992, pela obra *Estorvo*, na categoria de melhor livro publicado no exterior, e em 2010, pela obra *Leite derramado*, na categoria de melhor romance literário. Como escritor, publicou ainda vários livros de ficção e poesia. Sua obra mais famosa é o romance *Budapeste*, lançado em 2003.

Em 2019, ele lançou o álbum *Caravanas*, que foi indicado ao Grammy Latino na categoria de melhor álbum de música popular brasileira. Chico é um dos artistas brasileiros mais populares no exterior, tendo se apresentado em vários países, incluindo Estados Unidos, França, Alemanha, Portugal e Espanha. Uma curiosidade é que Chico é pai de três filhas: Helena Buarque, Sílvia Buarque, Luísa Buarque. Delas, Sílvia também seguiu carreira artística.

Em 2019, Chico foi indicado ao Prêmio Nobel de Literatura, tornando-se o primeiro artista brasileiro a receber essa honra desde Jorge Amado, em 1961. Embora não tenha vencido o prêmio naquele ano, a indicação é uma prova do impacto duradouro de sua obra na cultura mundial.

NÃO SOU MUITO BOM EM DECIFRAR O QUE SINTO. TEM ALGO QUE EU POSSA FAZER PARA CONQUISTAR ESSA HABILIDADE?

Enquanto caminha pelas ruas movimentadas do Leblon, você se depara com um cenário encantador: casas e prédios elegantes, cercados por uma vegetação tropical exuberante. O ambiente é sofisticado, mas ainda assim descontraído, com pessoas passeando com seus animais de estimação, praticando exercícios físicos e saboreando pratos deliciosos em cafés e restaurantes.

De repente, algo inusitado acontece. Ao se aproximar de um desses cafés, você nota que uma figura famosa está sentada a uma das mesas externas. É Chico Buarque, um dos maiores artistas do país. Mesmo parecendo um pouco tímido, ele está ali, tranquilo e sereno.

Você se aproxima, se apresenta e faz sua pergunta para Chico. Ele responde educadamente, iniciando um papo pra lá de interessante.

Bom, meu amigo, eu entendo perfeitamente como pode ser difícil tentar transformar os nossos sentimentos em palavras. Afinal, a arte de se expressar é uma jornada constante e às vezes bastante complicada. Olhar para dentro de nós mesmos, por mais que seja um movimento necessário, é algo delicado. Nem sempre estamos dispostos a encarar certas coisas e ainda temos que lidar com uma série de tensões externas.

Mas vou te dizer uma coisa: a melhor forma de traduzir os seus sentimentos é sendo sincero consigo mesmo. Não tenha medo de se expressar e de falar o que realmente sente. Se for o caso, escreva. Use as palavras que lhe são familiares e que refletem a sua personalidade. Afinal, é a sua voz que precisa ser ouvida, e não a de outra pessoa.

"Ouça um bom conselho que eu lhe dou de graça: inútil dormir que a dor não passa."

Lembro bem da minha música "Apesar de você". Em uma passagem fundamental, eu canto um verso bíblico: "Ainda que eu falasse a língua dos homens, e falasse a língua dos anjos, sem amor eu nada seria". Pois é, o amor é o que move a vida, a arte, é o que faz a música e a poesia terem algum significado.

Então, quando você estiver tentando colocar seus sentimentos em palavras, pense em todas as emoções que você quer transmitir. Identifique e reflita sobre as vivências que afetam o seu coração, seja aquecendo ou ferindo-o. Use referências pessoais, suas expectativas e histórias para dar vida às suas palavras.

"Amou daquela vez como se fosse a última."

Não se esqueça jamais: a arte de se expressar é uma jornada, uma caminhada com pedras e pássaros, sol e chuva, encontros e desencontros, passos firmes e também tropeços, um processo que exige prática e persistência. Não tenha medo de errar, de sentir e de explorar novas possibilidades. Afinal, é assim que se descobre a sua voz, a sua verdadeira expressão.

"E pela minha lei a gente era obrigado a ser feliz."

ALBERT EINSTEIN

Albert Einstein foi um dos maiores cientistas da história, uma mente brilhante que conseguiu mudar para sempre a maneira como vemos o universo. Nascido em 1879 na cidade de Ulm, na Alemanha, curioso e imaginativo desde cedo, Einstein sempre questionou o mundo ao seu redor.

Apesar de ter sido um estudante fora do comum, com QI estimado em 160 (a média do brasileiro é 100), Einstein enfrentou muitos obstáculos ao longo da vida. Ele teve dificuldades na escola e foi até mesmo expulso de uma instituição suíça por causa de seu comportamento rebelde. No entanto, esses desafios não o impediram de seguir seu sonho de se tornar cientista.

Aos 26 anos, Einstein publicou uma série de artigos que impactaram a compreensão do mundo sobre o espaço, o tempo e a gravidade. Sua teoria da relatividade especial foi um marco na física moderna e levou a muitos avanços na tecnologia, como os GPS que usamos hoje em dia.

Mas Einstein não se contentou em apenas revolucionar a física, como se isso fosse pouca coisa. Ele também se preocupou com questões sociais e políticas e foi um defensor dos direitos civis e da paz mundial. Escreveu muitos ensaios e discursos sobre esses assuntos, e até mesmo participou de uma campanha pela abolição das armas nucleares.

Além de suas contribuições científicas e sociais, Einstein também era conhecido por sua personalidade única. Pessoas próximas e aqueles que tiveram contato com ele sempre diziam que se tratava de um homem engraçado e descontraído, que gostava de tocar violino e de passear de bicicleta. Ele também era conhecido por suas roupas desalinhadas e seu cabelo bagunçado.

Apesar de ser mais conhecido por sua teoria da relatividade geral, Albert Einstein na verdade ganhou o Prêmio Nobel de Física em 1921 por outra descoberta importante que ele fez: o efeito fotoelétrico.

O efeito fotoelétrico é um fenômeno em que elétrons são ejetados de um material quando é exposto à luz. Einstein foi capaz de explicar esse fenômeno em termos de partículas de luz, ou fótons, que possuem energia e podem transferir essa energia para elétrons em um material. Essa descoberta teve implicações importantes para a física quântica e foi considerada uma contribuição significativa para a compreensão da natureza da luz.

PARA SER SINCERO, O MEU PROBLEMA É QUE NÃO CONSIGO GOSTAR DE ESTUDAR. COMO EU POSSO SAIR DESSA?

Você caminha pelas movimentadas ruas da cidade, observando a agitação das pessoas ao seu redor. Os sons dos carros e das conversas misturam-se em um ambiente urbano frenético. De repente, algo chama sua atenção. Lá, no meio da multidão, você avista um homem com cabelos desalinhados e bigode, que parece estar um pouco apressado. Não pode ser... é Albert Einstein!

Então, você se aproxima e diz um olá, apresentando-se. Ele parece surpreso com a sua abordagem, mas gentilmente para e ouve a sua pergunta. Einstein dá uma risada e coça a cabeça, parecendo pensar sobre a questão.

É verdade que o fenômeno de fingir gostar de algo é bem conhecido e faz parte do senso comum. Muitas vezes, as pessoas fingem gostar de algo porque acreditam que é o que se espera delas, ou porque querem se encaixar em um grupo específico. Por outro lado, há também aqueles que acham até legal não gostar de algo, como se fosse uma postura rebelde ou diferentona. Mas devemos lembrar que o ato de gostar ou não de estudar não é o cerne da questão. O importante é a forma como encaramos o estudo e como aplicamos o conhecimento adquirido. Acredito que o conhecimento é fundamental para compreendermos o mundo à nossa volta e que, se queremos mudá-lo, precisamos primeiro entendê-lo.

Uma coisa que me ajudou demais e que poderá ser uma luz na sua caminhada é encontrar algo que mova a sua curiosidade e que você considere interessante. Descubra algo que você ama ou gostaria de fazer e foque aprender sobre isso. Pois, quando você tem uma paixão, o estudo se torna muito mais agradável e gratificante. É como costumo dizer: "Eu não tenho nenhum talento especial, apenas sou apaixonadamente curioso".

Uma estratégia eficaz e pra lá de válida é estabelecer conexões. Como assim? Simplesmente não estude apenas para memorizar informações, mas com o intuito de entender como as coisas estão interconectadas. Existe música, cinema, mitologia e HQS, por exemplo, dialogando com o que estudamos na escola. Além disso, procure compreender a lógica por trás do que está estudando. "O importante é não parar de questionar. A curiosidade tem sua própria razão de existir."

Creio que seria válido também o movimento de busca por novas perspectivas. Novas metodologias de estudo, abordagens, ferramentas e materiais. Espero mesmo que você não fique preso a uma única forma de pensar. Busque diferentes pontos de vista e perspectivas. "A mente que se abre a uma nova ideia jamais voltará ao seu tamanho original".

"Insanidade é: fazer a mesma coisa várias vezes e esperar resultados diferentes."

É importante demais que você seja perseverante e humilde. Ciente de que pedir ajuda não é sinal de demérito ou fraqueza. E como já foi dito, se um caminho não te fez progredir, altere a rota. O aprendizado é um processo contínuo e nem sempre é fácil, mas não desista.

"Uma pessoa que nunca cometeu um erro nunca tentou nada novo."

Acredito que uma das medidas mais interessantes seja a construção de um ambiente agradável, leve e descontraído para fazer os estudos fluírem. Quem disse que estudar tem que ser algo chato, desconfortável? Divirta-se: o estudo não precisa ser monótono. Aprenda de maneira criativa, porque "a imaginação é mais importante que o conhecimento".

"Todo mundo é um gênio. Mas, se você julgar um peixe por sua capacidade de subir em uma árvore, vai passar toda a sua vida acreditando que ele é estúpido."

Espero que esses breves conselhos o ajudem a encontrar a motivação e alegria de que tanto precisa para estudar. Compreenda que a educação é uma ferramenta poderosa que pode levar a grandes realizações e mudanças positivas individual e coletivamente. Então, alimente a curiosidade e o amor pelo aprendizado e nunca pare de buscar conhecimento.

Albert Einstein

JÜRGEN HABERMAS

Jürgen Habermas é um dos mais importantes filósofos e sociólogos alemães da atualidade. Nascido em Düsseldorf, Alemanha, em 18 de junho de 1929, Habermas tem uma carreira acadêmica brilhante e é reconhecido como um dos maiores teóricos da comunicação e da política.

Desde a década de 1950, quando começou sua carreira acadêmica, Habermas tem sido um defensor da democracia, da igualdade e da liberdade. Ele argumenta que não são apenas valores políticos, mas também valores morais e éticos que devem ser sempre valorizados e preservados.

Uma das teorias mais importantes de Habermas é a teoria da ação comunicativa, que se concentra na importância da comunicação para a construção de relações sociais justas e equilibradas. De acordo com ele, isso é fundamental para a construção de uma sociedade democrática, na medida em que permite aos indivíduos se expressarem e serem ouvidos.

Outra de suas teorias mais importantes é a teoria da democracia deliberativa, um modelo no qual os indivíduos são capazes de participar ativamente na tomada de decisões políticas e sociais e na qual a comunicação é aberta e inclusiva. Ele argumenta que a democracia é mais do que apenas uma forma de governo, mas sim uma forma de vida em sociedade.

Além de suas teorias, Habermas também é conhecido por sua vasta obra literária, que inclui livros como *Mudança estrutural da esfera pública*, *Teoria da ação comunicativa*, *Entre fatos e normas* e *A inclusão do outro*. Esses livros apresentam as bases fundamentais da teoria da comunicação e da democracia deliberativa, além de serem valiosas contribuições para a literatura acadêmica.

Um dos legados mais importantes de Habermas é sua defesa da ética e da cidadania. Lembrando que ele continua afirmando até hoje que a comunicação é fundamental para a construção de uma sociedade justa e democrática, para que de fato possamos garantir dignidade e bem-estar para todas as pessoas.

POR QUE TENHO A IMPRESSÃO DE QUE NINGUÉM ME ENTENDE E QUE EU NÃO CONSIGO ENTENDER, NEM CONCORDAR COM A MAIORIA DAS PESSOAS?

Você está em um campus universitário movimentado, cercado por prédios de arquitetura moderna e verdejantes gramados. Estudantes correm de um lado para outro, carregando livros e mochilas, e grupos se reúnem em torno de mesas de piquenique e bancos de concreto.

Enquanto caminha pelo campus, percebe um homem andando devagar em sua direção. À medida que ele se aproxima, você percebe que é ninguém menos que Jürgen Habermas, um dos filósofos mais importantes e influentes do século XX.

Habermas parece estar desfrutando de um passeio tranquilo pelo campus, sua postura tranquila e observadora sugerindo que ele está imerso em seus próprios pensamentos. Quando você se aproxima e se apresenta, Habermas parece gentil e prestativo, apesar de sua fama e status.

Você inicia a conversa com uma pergunta, e Habermas começa a expressar seus pensamentos. Ele é extremamente eloquente e articulado, e você rapidamente se vê envolvido em uma discussão fascinante sobre teoria crítica, democracia e as complexidades da sociedade moderna.

Permita-me dizer primeiramente que a questão da incompreensão e da falta de compreensão mútua sempre foi um dos grandes desafios humanos, em várias épocas e em diferentes culturas. Mas embora esses problemas possam parecer intransponíveis, há uma solução, e ela começa com um bom entendimento sobre a comunicação.

Como você já deve saber, sou um defensor da teoria da ação comunicativa, que enfatiza a importância da compreensão mútua na realização de ações sociais eficazes. Nessa teoria, a comunicação é vista como um processo através do qual as pessoas procuram justamente compreensão mútua e alcançam um consenso sobre os significados e objetivos compartilhados.

Mas, em muitos momentos, esse processo pode ser interrompido por barreiras à compreensão, tais como diferenças culturais, de valores, crenças e opiniões. Quando isso acontece, é fácil sentir-se incompreendido, desconectado e até excluído pelos outros.

"A comunicação é a principal via para resolver conflitos."

Meu conselho é que você se envolva em uma prática constante de diálogo aberto e sincero. Então, valorize a verdade na formulação de seus discursos e busque a verdade nos discursos dos outros. Procure ser mais racional do que passional nas interações, isso reduzirá as chances de tensões e conflitos.

Lembre-se de que o diálogo é a base da comunicação efetiva. Ao se abrir para ouvir e compreender os pontos de vista dos outros, você estará cultivando a habilidade de se colocar no lugar deles e de ver o mundo através de seus olhos.

Muitos acabam esquecendo que a comunicação é um processo contínuo e dinâmico. Não se trata apenas de falar, mas também de ouvir, perguntar, esclarecer e reconhecer a validade das perspectivas dos outros. Aprender a escutar ativamente, sem julgamentos, é uma habilidade fundamental para a compreensão mútua.

"O conceito do agir comunicativo pressupõe a linguagem como médium de uma espécie de processos de entendimento ao longo dos quais os participantes, quando se referem a um mundo, manifestam de parte a parte pretensões de validade que podem ser aceitas ou contestadas."[4]

Provavelmente, depois de estudos minuciosos sobre o ser humano, com o propósito de identificar qual seria o seu superpoder, chegaríamos à conclusão de que é a capacidade de se comunicar. O que chega a ser bizarro quando pensamos na imensa quantidade de problemas e conflitos que surgiram justamente partindo do ponto onde simplesmente deixamos de dialogar.

Penso que toda e qualquer forma de imposição, que despreze a dignidade dos atingidos, não passa de um ato de violência. Bem como a construção de mecanismos que conspirem contra a liberdade para se expressar.

A falta de comunicação é um problema sério, que pode gerar diversos outros problemas. Ela pode ser vista como uma praga, pois, se não for tratada adequadamente, pode se espalhar e afetar negativamente diferentes áreas da vida pessoal e profissional. Sei que, em diversas situações, não estamos tão confortáveis e abertos para uma boa conversa. No entanto, é gritante o quanto essa tal conversa surge no horizonte como a real possibilidade de encontrar uma solução e o quanto sua recusa só tenderá a intensificar o caos.

Numa democracia, embora os extremistas evitem encarar os fatos, a pluralidade de ideias é fundamental. Diferentes visões tendem a contribuir para a ampliação das análises que podem ser feitas sobre as mais variadas pautas. Aqueles que se posicionam contra a diversidade e trabalham para calar a mídia ou seus eventuais opositores não sentem apreço nenhum pela democracia.

---

4 HABERMAS, Jürgen. *Teoria do agir comunicativo:* racionalidade da ação e racionalização social. São Paulo: Editora WMF Martins Fontes, 2012. v. 1, p. 191.

Acrescento o seguinte conselho: todas as pessoas são capazes de ensinar e aprender algo. Com essa ideia em mente, procure valorizar os debates, mas não para tentar superar, vencer ou oprimir alguém, pois não é uma competição. Cada debate proporciona uma grande oportunidade de crescimento.

"Somente pela externalização, entrando nas relações sociais, podemos desenvolver a interioridade de nossa própria pessoa."

A disposição para ouvir e entender não deve ser confundida com a concordância automática com tudo o que é falado. É importante ter em mente que, para aprender e evoluir, é preciso manter um diálogo aberto, no qual sejam discutidos pontos de vista divergentes e possíveis discordâncias. A disposição para ouvir implica em estar aberto a ideias novas e diferentes daquelas que já temos, o que pode levar a novas descobertas e aprendizados. Portanto, a atitude de ouvir com atenção e sem julgamentos pode ser vista como uma postura construtiva que nos permite ampliar nossos horizontes e compreender melhor o mundo ao nosso redor.

BYUNG-CHUL HAN

Byung-Chul Han é um filósofo e sociólogo sul-coreano radicado na Alemanha que tem sido uma importante figura na discussão sobre a sociedade, a política e a cultura. Nascido em 1955, em Seul, Han tem uma trajetória acadêmica brilhante e é reconhecido como um dos mais importantes pensadores da sociedade contemporânea.

Desde a década de 1980, quando começou sua carreira acadêmica, Han tem sido um crítico implacável da cultura da performance, da hiperatividade e da sociedade do desempenho. Ele argumenta que a nossa sociedade está se tornando cada vez mais individualista e que as pessoas estão perdendo a capacidade de se relacionar com as outras de forma autêntica.

Uma das teorias mais importantes de Han é a teoria da transparência, que argumenta que a sociedade está se tornando cada vez mais transparente e que isso está levando a uma perda da privacidade e da intimidade. De acordo com ele, a sociedade atual está criando uma cultura da vigilância, na qual as pessoas estão constantemente sendo vigiadas e julgadas pelos outros.

Outra de suas teorias mais importantes é a teoria da sociedade do cansaço, que argumenta que a sociedade contemporânea está se tornando cada vez mais cansada e que isso está levando a uma perda da capacidade de agir e de pensar. De acordo com Han, a sociedade do cansaço está criando uma cultura da fadiga, na qual as pessoas estão constantemente exaustas e sem energia para agir.

Além de suas teorias, Han também é conhecido por sua vasta obra literária, que inclui livros como *Sociedade do cansaço*, *A agonia do Eros*, *Sociedade da transparência* e *A salvação do belo*. Cada um desses livros é uma obra-prima da teoria social e uma contribuição valiosa para a literatura acadêmica.

Um dos legados mais importantes de Han é sua crítica à sociedade contemporânea e à cultura da performance, da hiperatividade e da sociedade do desempenho. Ele é um defensor da privacidade, da intimidade e da autenticidade e acredita que é possível construir uma sociedade mais justa e humana.

MINHA ROTINA ESTÁ CADA VEZ MAIS PESADA, NÃO CONSIGO ENCONTRAR TEMPO LIVRE E ESTOU CONSTANTEMENTE EXAUSTO. COMO ENCONTRO A SAÍDA DESSE LABIRINTO?

Você entra na floricultura e é imediatamente envolvido pelo aroma adocicado das flores. O lugar é cheio de cor e beleza, com arranjos cuidadosamente dispostos em cada canto, e a atmosfera é tranquila, perfeita para apreciar a beleza natural das plantas. Mas o que chama sua atenção é o homem que está parado próximo a um vaso de flores, observando-as com um olhar sereno.

Ao se aproximar, você nota que se trata de Byung-Chul Han, o filósofo sul-coreano conhecido por suas reflexões sobre a sociedade contemporânea e a cultura digital. Ele parece estar em paz, como se as flores lhe trouxessem um tipo de conforto.

Você chega perto dele, cumprimenta-o e se apresenta. Ele responde com um sorriso gentil e uma saudação amistosa. Você aproveita a oportunidade para fazer a pergunta.

Byung-Chul Han reflete por um momento, antes de responder com calma e profundidade. Ele comenta que as flores são um símbolo da beleza, da fragilidade e da transitoriedade da vida. Para ele, a contemplação das flores é uma forma de conectar-se com a natureza e com nossa própria humanidade, lembrando-nos da importância de viver o momento presente e valorizar o que é realmente importante.

Provavelmente você anda muito cansado, para não dizer completamente exausto. E esse tem sido o seu maior dilema. Lidar com atividades que praticamente não cabem na rotina. Sempre acelerado, tendo que gerenciar cobranças e cargas cada vez maiores. Em alguns dias desafiando a própria realidade, por ter que estar presente em dois lugares ao mesmo tempo. Como não surtar diante de tudo isso?

Primeiro, é importante compreender que até o final do século passado tínhamos uma sociedade disciplinar, como diria Michel Foucault. Uma coletividade cuja dinâmica era baseada no imperativo do não. O que isso significa? Que as pessoas eram educadas para tomarem consciência acerca dos limites, o que podia ser facilmente verificado nas mais diversas atividades.

"Hoje o indivíduo se explora e acredita que isso é realização."

No âmbito profissional, os indivíduos tinham uma carga horária limite, além de respeitarem o dia de folga e as férias. De igual modo, os estudantes tinham um cronograma delimitado, com descanso nos finais de semana e também durante as férias. A liberdade era bastante cerceada, e tudo se encontrava meio que dentro de uma caixa.

Retomando Foucault, foi essa sociedade disciplinar, essencialmente fundamentada a partir de regras rígidas e mecanismos de controle, que produziu loucos e criminosos.

Mas a virada do século XX para o XXI reservava uma nova quebra de paradigma – muito em virtude das demandas do capitalismo neoliberal, diga-se de passagem. Assim, o imperativo do não foi substituído pelo imperativo do sim. E qual o problema? Agora não enxergamos limites, não aceitamos a negatividade e estamos cada vez mais imersos, engolidos pelo excesso de positividade. Abandonamos a sociedade disciplinar para viver na sociedade do cansaço.

Note o quanto normalizamos a positividade tóxica, em todas as áreas. Como essa patologia é propagada constantemente através das redes sociais à medida que todos se obrigam a serem bonitos, felizes e produtivos o tempo todo.

Passamos a demonizar o ócio, o descanso e o lazer. Com o advento das novas tecnologias, carregamos o trabalho e os estudos por todos os locais que frequentamos. Não temos tempo a perder. Logo, folgas, feriados e férias estão fora de cogitação. Devoramos livros, supostamente, de autoajuda, empreendedorismo e sucesso. Veneramos influencers e coaches que prometem a felicidade, dentro da perspectiva capitalista. O resultado? Nunca tivemos tantas pessoas com depressão, ansiedade e burnout quanto hoje.

Meu conselho?

Nada é mais valioso do que a sua sanidade!

Portanto, durma enquanto eles dormem e estude quando puder. Trabalhe quando necessário e divirta-se sempre que tiver oportunidade. Lute enquanto fizer sentido e saiba descansar todos os dias. Viva a sua vida e os seus próprios sonhos.

Você não estudou, cresceu e se afirmou para passar os finais de semana com seu patrão, ao invés de estar com as pessoas que ama.

Por mais que tentem provar o contrário, por mais que estejamos diante de incontáveis e persistentes tentativas de impor uma espécie de delírio coletivo: ninguém é bonito, feliz e produtivo o tempo todo!

Sem querer ser redundante, mas flertando um pouco com a ideia, gostaria de dizer que a sobrecarga não é algo que vem de fora, mas sim algo que é criado por nós mesmos. Como eu disse em meu livro *Sociedade do cansaço*, "o sujeito de desempenho se entrega à liberdade coercitiva ou à livre coerção de maximizar o desempenho". Ou seja, o indivíduo se torna escravo de si mesmo ao se submeter a uma lógica de produtividade e eficiência que o leva a se autoexplorar, muitas vezes em detrimento de sua saúde física e mental.

Por isso, insisto que você aprenda a dizer "não". É preciso reconhecer que temos limites e que não podemos estar em vários lugares ao mesmo tempo, nem fomos feitos para viver guiados por metas inalcançáveis. Como eu disse em *A agonia do Eros*, "o meramente positivo é sem vida. A negatividade é essencial para a vivacidade". Dizer "não" pode parecer negativo, mas na verdade é uma forma de resistir à pressão que nos é imposta. Não tenha medo de recusar convites ou responsabilidades que você sabe que não conseguirá cumprir.

Também considero fundamental a ideia de se desconectar, ainda que eventualmente. Vivemos em um mundo hiperconectado, onde estamos sempre ligados em redes sociais, e-mails e mensagens instantâneas. Isso pode ser muito exaustivo e contribuir para a sensação de sobrecarga. Atualmente a liberdade não é mais entendida como a possibilidade de desconexão, mas sim como uma obrigação de estar sempre conectado. Diante disso, é importante aprender a se desconectar, desligar o celular e reservar momentos de silêncio e introspecção para preservar a saúde mental e evitar a exaustão causada pela sobrecarga tecnológica.

Já bati um pouco nessa tecla, mas faça um favor para sua própria sanidade e encontre tempo para si mesmo. Muitas vezes nos sobrecarregamos porque estamos sempre fazendo coisas para os outros ou para o trabalho e não encontramos tempo para cuidar de nós mesmos. A verdadeira felicidade não vem das expectativas externas, mas sim de um cuidado interno, que requer um tempo reservado para fazer algo de que você realmente goste e que lhe traga paz. Esse tempo é fundamental para relaxar, se reconectar consigo mesmo e manter a sanidade.

FREDDIE MERCURY

Freddie Mercury foi um astro da música, um showman nato e um dos maiores artistas de todos os tempos. Sua voz poderosa, sua personalidade e presença inigualável no palco o tornaram um ícone da cultura pop e uma verdadeira lenda da música.

Nascido Farrokh Bulsara em Stone Town, Zanzibar, na Tanzânia, em 1946, Freddie cresceu ouvindo música clássica e também foi influenciado pela música gospel, soul e R&B. Em 1969, ele fundou a banda Queen com Brian May e John Deacon e rapidamente se tornou conhecido por suas apresentações grandiosas e arrebatadoras.

O estilo único de Freddie Mercury misturava elementos de teatro, música clássica e rock, criando performances verdadeiramente memoráveis. Ele tinha um dom incrível para compor músicas, que eram ao mesmo tempo poderosas e emocionantes, com letras que abordavam questões universais como o amor, a liberdade e a autoaceitação.

Algumas das músicas mais emblemáticas de Freddie incluem "Bohemian rhapsody", "Somebody to love", "We are the champions" e "Don't stop me now". Cada uma dessas canções é uma obra-prima que captura a essência da criatividade e da paixão de Freddie pela arte.

Além de sua carreira musical, também era conhecido por sua excentricidade. Ele era um grande fã de arte e design, e suas atuações no palco eram tão extravagantes quanto seu estilo pessoal. Freddie também tinha uma paixão por animais e foi um defensor ativo dos direitos deles durante sua vida.

Lamentavelmente, em 1991 o artista faleceu em decorrência de complicações causadas pela aids. Apesar disso, a música e a presença do artista permanecem como fonte de inspiração para seus fãs em todo o mundo, transmitindo suas mais belas e autênticas mensagens.

ÀS VEZES ME DEIXO LEVAR PELA OPINIÃO DOS OUTROS E ACABO NÃO FAZENDO O QUE EU QUERO. NÃO GOSTO DISSO. COMO FAÇO PARA MUDAR?

Você entra na loja de discos, repleta de cultura pop, com pôsteres de bandas icônicas, discos raros e novidades em destaque. A música enche o ambiente e o clima é descontraído. Você se sente em casa, folheando as capas dos LPs e CDs.

De repente, vê uma figura inusitada ao fundo da loja, ouvindo Jimi Hendrix com fones de ouvido. É Freddie Mercury! Ele parece reflexivo, imerso em seus pensamentos. Você se aproxima lentamente, observando sua postura elegante e sua expressão serena.

Ao se apresentar e cumprimentá-lo, ele responde de forma enigmática. Você percebe que ele tem uma personalidade intrigante. Mesmo assim, você se sente confortável o suficiente para iniciar uma conversa casual, o que dá início ao diálogo.

Não estou convencido de que sou o tipo de pessoa que dá conselhos, mas sou capaz de dizer algumas coisas interessantes sobre a vida.

Veja bem, não é necessário levar tudo tão a sério sempre. Deixe as tensões para quem quiser meramente sobreviver, mas não se alimente desse lixo. Está mais do que óbvio que não te fará bem andar como se carregasse um grande peso sobre os ombros.

Ser bobo de vez em quando não é pecado. Logicamente não falo de ser bobo no sentido de assumir papel de idiota, e sim de agir com mais leveza, irreverência e personalidade. A vida por si só já tende a ser demasiadamente chata, pesada, muito em razão da seriedade que nos é imposta, propagada e absorvida por todos. Meu conselho? Não entre nessa onda.

"Acho que ser natural e sincero é o que realmente importa."

Tenho para mim que a melhor saída é relaxar. Procure se divertir com aquilo que faz, assim não terá medo de cair ou ser rotulado como ridículo.

Não seja manipulado. Suspeite de qualquer pessoa que tente fazer você duvidar de si mesmo. Além disso, não paute suas ações a partir de expectativas e desejos dos outros.

Procure por novas experiências, novas sensações e desafios. Não se conforme com a mesmice só porque as coisas aparentemente estão dando certo. No fundo, o elemento "perigo" é o que todo mundo precisa, embora a maioria se deixe aprisionar pelo medo. Mas você não precisa se curvar. Use até mesmo o medo a seu favor.

Assuma aquilo que você sente. Seja feliz fazendo o que realmente quer fazer.

Os olhares alheios são apenas olhares alheios. Julgamentos e palavras que só servem para ferir geralmente vêm de pessoas frustradas e pobres de espírito.

Não foi fácil, mas eu sempre soube que seria uma estrela. Engraçado ler isso, não? Mas essa é a verdade. Se tivesse esperado alguém me dizer que eu poderia ser capaz de fazer isso, estaria esperando até agora.

Então, o que eu fiz? Disse para mim mesmo o que eu precisava ouvir, tipo na frente de um espelho? Não! Eu simplesmente fui viver o que tinha para viver. Fui gritar o que precisava gritar...

Nem sou fã do cara, mas Henry Ford certa vez disse: "Quer você pense que pode, quer pense que não pode... Você está certo." Entendeu?

BILLIE EILISH

Billie Eilish é uma estrela da música. Nascida em 2021, a artista conquistou milhões de fãs em todo o mundo muito jovem, com seu talento incrível e suas mensagens profundas e inspiradoras. Aos 8 anos, ela começou a escrever e cantar suas próprias músicas e, aos 13, já havia gravado e lançado seu primeiro single, "Ocean eyes", que viralizou nas redes sociais e catapultou sua carreira. Desde então, ela já lançou vários álbuns e singles de sucesso, incluindo o hit "Bad guy", que ganhou o prêmio de gravação do ano no Grammy Awards de 2020. Além de sua música, é conhecida por seu estilo único e por suas declarações francas. Ela também é vegetariana desde os 12 anos e defensora fervorosa dos direitos dos animais.

Billie possui uma voz suave e bastante peculiar, que cativa o público com sua intensidade e emoção. Suas letras, escritas com a ajuda de seu irmão mais velho, Finneas O'Connell, falam sobre questões como ansiedade, depressão e autoconfiança, abordagens sensíveis que a tornam verdadeiramente original e conectada com seus fãs.

Além de seu incontestável talento musical, Billie é conhecida por sua personalidade forte e independente. Ela incentiva muitos jovens a serem fiéis a si mesmos e a seguirem seus sonhos, independentemente dos padrões impostos e das expectativas dos outros. Sua música é uma forma de expressão poderosa e uma voz para aqueles que se sentem sozinhos e incompreendidos.

A carreira de Billie Eilish é admirável. Ela mostrou que, com dedicação e entrega, é possível realizar algo grandioso e causar um impacto positivo na vida das pessoas. Sua música significa uma forma de conexão e cura para muitos, e ela continuará a ser uma importante voz para a sua geração por muitos anos.

COMO POSSO ME TORNAR MAIS CONSCIENTE E ATENTO ÀS MUDANÇAS EM MIM MESMO À MEDIDA QUE AMADUREÇO?

Você está passeando pelo parque de diversões, aproveitando os brinquedos e as atrações, quando decide dar uma pausa e se afastar da agitação. Caminhando em direção ao lago, você encontra Billie Eilish em um piquenique com amigos.

Ela parece feliz e descontraída, aproveitando o momento. Você se aproxima e se apresenta, e Billie recebe você com um sorriso caloroso. Você faz a pergunta, e ela começa a expressar seus pensamentos de forma franca e honesta.

Olhe, demorei um pouco para perceber isso, até porque também me senti muito desconfortável com meu corpo por muito tempo. Estabeleci uma relação terrível com isso. Tanto que eu me acostumei com roupas largas e folgadas. Só precisamos de corpos para comer, andar e fazer cocô, para sobreviver. É ridículo que alguém se preocupe com a forma deles. Por que nos importamos?

Enfim, acabei caindo na real. Hoje, mais do que nunca, entendo que posso fazer o que eu quiser. O que importa é o que faz você se sentir bem. Se você quer fazer uma cirurgia, vá fazer uma cirurgia. Se você quiser usar um vestido que alguém acha que te deixa muito grande, dane-se. Se sentir que está bom, já é o suficiente.

Acho que um dos piores dilemas do mundo é a ideia de que é preciso se esforçar para ser aceito. Muita gente também tem medo de nunca encontrar o amor da sua vida por conta de sua aparência. Quer meus conselhos? Tenho uns bem aleatórios aqui. Tem certeza? Vamos lá!

Cuide bem das pessoas que você ama. Reserve sempre um tempo de qualidade para passar com a família. A energia desse tipo de conexão é essencial.

"É uma perda de tempo tentar ter uma boa aparência sempre."

Busque paz nas coisas simples, como tomar um bom banho, dançar no quarto ou andar de bicicleta, admirando a paisagem e sentindo o vento no rosto.

Esteja ciente de que sucesso não é sinônimo de fama. Ser famoso significa que muitas pessoas te enxergam, te reconhecem e supõem saber quem você é. Mas o que realmente importa é como você se vê. Quanto a isso, mais uma coisinha: por favor, não compartilhe todos os episódios de sua vida nas redes sociais. Simplesmente não faça isso consigo mesmo.

Sabe por quê? Porque nem tudo que acontece na nossa vida precisa ser exposto. Às vezes, a gente precisa guardar as coisas só para a gente, sabe? Eu sei que é legal ter essa sensação de que todo mundo está acompanhando a sua vida, mas isso pode acabar criando uma necessidade constante de se expor e buscar aprovação dos outros. Além disso, acabamos nos comparando com outras pessoas que parecem ter uma vida perfeita, quando na verdade a realidade é bem diferente. A gente acaba criando padrões inalcançáveis e se sentindo mal quando não consegue atingi-los. Então, meu conselho é: não compartilhe tudo. Lembre-se de que nem tudo da sua vida é para todo mundo. Guarde momentos especiais para você e as pessoas que realmente importam.

Tenha paciência. Sinta seu próprio ritmo. Mesmo sabendo que alguns dias não serão nada legais e acaba dando tudo errado, você tem que continuar de pé, para tentar novamente. Quantas vezes for preciso. Até porque outros dias virão pela frente. Dias melhores.

Habitualmente deixamos nossas questões internas de lado, daí, num determinado momento, você acaba se dando conta de que realmente não se conhece, então precisa urgentemente descobrir a si mesmo. Esse foi o maior desafio para mim: eu não sabia como realmente me sentia. Faz parte criarmos uma fachada agradável, mas ela é insuficiente para solucionar o real problema.

Vou dar um exemplo. Acredito que todo mundo já se sentiu estranho, feio, diferente e deslocado e acabou ficando com a autoestima abalada. Mas a pergunta certa tem que ser feita: estou me sentindo mal comigo mesmo por causa do que sinto ou em virtude do que os outros me fazem sentir?

Me toquei de que a incerteza que lançam sobre nós é sempre um grande não. Isso porque a vontade de permanecer e o sim são sempre muito evidentes.

O tempo não cura nada. Só ajuda a tirar o foco. Mas isso não é tão ruim quanto parece.

Alguns conselhos clichês, mas importantes:

Nunca desista de você.

Sumir por uns dias não é má ideia.

A vida é muito curta para ficar guardando rancor.

Ainda que ninguém se importe, continue fazendo as coisas que te fazem bem. Mesmo que ninguém te valorize, você não precisa seguir o exemplo e fazer o mesmo.

Lembre-se de que não existe o mundo perfeito, nem a família perfeita ou relacionamentos perfeitos, porque definitivamente ninguém é perfeito. Essas coisas não fazem parte do mundo real. Mas é sempre possível fazer algo para melhorar.

Não fique parado observando o que te faz mal, principalmente se você não consegue lidar com pessoas e histórias que já te machucaram muito.

Faça coisas idiotas de vez em quando, sei lá, vá para a cozinha e tente criar uma receita. Se não der certo, pelo menos será engraçado e você poderá rir disso.

Uma coisa que hoje faz muito sentido para mim e talvez faça para você: não se afaste de ninguém para dar uma lição; afaste-se no exato momento em que aprender a sua.

Billie Eilish

MALALA YOUSAFZAI

Malala Yousafzai é uma jovem ativista paquistanesa que tem inspirado o mundo com sua coragem e determinação ao lutar pelos direitos das meninas à educação. Nasceu no Vale Swat, no norte do Paquistão, em 1997. Aos 11 anos, ela começou a escrever um blog para a BBC sobre a vida sob o domínio do Talibã e sobre sua paixão por aprender e estudar, muito incentivada por seu pai, que é professor.

No entanto, isso não agradou o grupo extremista dominante no país, que dizia que mulheres não deviam estudar. Em 2012, Malala foi baleada pelo próprio Talibã enquanto viajava de ônibus para a escola. A tentativa de assassinato foi uma reação violenta à sua campanha pela educação e pela liberdade de expressão. Embora a bala tenha atravessado sua cabeça, Malala sobreviveu e continuou sua luta contra a opressão.

"Embora amássemos estudar, só nos demos conta de quanto a educação é importante quando o Talibã tentou nos roubar esse direito. Frequentar a escola, ler, fazer nossos deveres de casa não era apenas um modo de passar o tempo. Era nosso futuro."[5]

---

5   YOUSAFZAI, Malala; LAMB, Christina. *Eu sou Malala:* a história da garota que defendeu o direito à educação e foi baleada pelo Talibã. São Paulo: Companhia das letras, 2019. p. 98-99.

A recuperação de Malala foi um testemunho de sua força e determinação. Em exílio na Inglaterra, ela continua a falar sobre a importância da educação para as meninas e, em 2014, criou a Fundação Malala para apoiar projetos de educação em todo o mundo. Seu trabalho e sua campanha levaram ao reconhecimento internacional e ela acabou se tornando a mais jovem vencedora do Prêmio Nobel da Paz, aos 17 anos.

"O Talibã pode tirar nossos livros e canetas, mas não pode impedir nossa mente de pensar."

Além de sua luta pela educação, Malala também tem sido uma defensora da igualdade de gênero e dos direitos das mulheres. Ela tem inspirado mulheres e meninas em todo o mundo a se erguerem por suas próprias vidas e futuros. A história de Malala é um exemplo poderoso da importância da liderança feminina e da perseverança na luta por uma causa justa.

Malala é uma verdadeira heroína moderna e sua jornada é uma lição de vida para todos nós. Ela nos lembra da importância de lutar pelo que é certo, mesmo diante das dificuldades, e de ter coragem de seguir em frente mesmo quando as coisas parecem impossíveis. Sua vida e sua liderança são uma fonte constante de inspiração e esperança para o mundo.

COMO POSSO MANTER MINHA MOTIVAÇÃO E PERSEVERANÇA PARA SUPERAR OS OBSTÁCULOS QUE SURGEM EM MINHA VIDA?

Você está em um congresso sobre educação, que acontece em um grande centro de convenções, com várias salas e palcos espalhados pelo local. Antes do início do evento, enquanto você caminha em direção ao palco principal, você vê uma figura familiar no palco, Malala Yousafzay.

Ela está rodeada de algumas pessoas, mas parece disponível e atenciosa com quem se aproxima dela. Quando você se aproxima, ela olha para você com um sorriso amigável e te cumprimenta com um aperto de mão firme. Você se apresenta e ela faz o mesmo, dizendo seu nome com delicadeza. Você expõe sua dúvida e ela prontamente começa a expressar seus pensamentos com sabedoria e clareza.

Se você está enfrentando desafios e obstáculos em sua vida, quero que antes de tudo você saiba que não está só. Pelo menos não precisa passar por nada disso sozinho, e o fato de falar sobre suas frustrações e dificuldades já é algo maravilhoso.

"Conto minha história não porque ela é única, mas porque não é. É a história de várias garotas."

Eu entendo de verdade o quanto é difícil, mas quero que você saiba que há esperança. A vida é cheia de altos e baixos, mas ser verdadeiro consigo mesmo fará toda a diferença.

Vejamos quais conselhos eu poderia compartilhar com você neste momento...

Não importa o quanto as coisas pareçam difíceis, nunca perca a fé em si mesmo. Você tem a capacidade de superar qualquer obstáculo se alimentar essa confiança e usar suas habilidades. Todos nós carregamos limitações, é fato. Mas também temos grandes qualidades. Use cada uma delas!

Não importa o quanto as coisas possam parecer difíceis, não desista. Sério! Já parou para pensar em cada coisa pela qual você já passou? Seu questionamento é válido demais. Pergunto mais uma vez: você já parou para pensar em cada desafio que teve que vencer? Já se deu conta do quanto amadureceu? Se você aprendeu pelo menos uma lição ao longo da jornada, já terá valido a pena.

"Eu disse para mim mesma: 'Malala, você deve ser corajosa. Você não deve ter medo de ninguém. Você só está tentando se educar. Você não está cometendo nenhum crime'."

Mantenha sua cabeça erguida e continue avançando. As dificuldades são temporárias, e um dia você superará todos os obstáculos.

Encontre e cultive sua alegria. Pode ser uma poesia, uma música, um lugar, só abasteça sua alma com boas energias. Mantenha sua perspectiva, isso te ajudará a preservar sua motivação e a superar o que vier pela frente.

Enfrentar um adversário ameaçador pode ser difícil, mas ter uma causa maior pode ajudá-lo a vencer. Lute por um grande ideal em que você acredite e isso lhe dará força e coragem para perseverar.

"Nós percebemos a importância de nossa voz quando somos silenciados."

Honre cada presente que a vida te concedeu. Não deixe de ter um coração sempre repleto de gratidão. Reconheço que é algo desafiador, mas afirmo, sem medo de errar, que é simplesmente incrível perceber o quanto essa atitude atrai e propaga o melhor de nós.

Procure aprender algo novo com as crianças que te rodeiam. Elas são fontes inesgotáveis de sonhos. Sempre que possível, converse com seus avós; a simplicidade que alicerça a sabedoria deles é inspiradora e cheia de lições valiosas.

Peço que não permaneça em silêncio quando tentarem privá-lo de seus direitos, nem seja conivente com a injustiça. Saiba que pessoas inocentes e indefesas sofrem demais quando aceitamos com naturalidade a prática do mal e da violência.

Não use o ódio como arma, pois o primeiro a ser atingido, da forma mais impiedosa, será você. Siga em frente, com passos firmes, pelo caminho da fraternidade.

A fraqueza, o medo e a desilusão precisam morrer para que a força, o poder e a coragem possam nascer.

"Uma criança, um professor, um livro e um lápis podem mudar o mundo."

BOJACK HORSEMAN

BoJack Horseman é um híbrido de cavalo com humano com um problema sério: ele é embaçado. E quando digo embaçado, quero dizer que ele é um embaçado em tudo, desde beber até se envolver em relacionamentos problemáticos. Mas, acredite ou não, ele é engraçado. Tão engraçado que você pode até mesmo se sentir mal por rir de suas trapalhadas, mesmo sabendo que ele é um completo desastre ambulante.

BoJack nasceu na década de 1990, quando as estrelas de TV eram reis e as pessoas ainda acreditavam que um cavalo com aparência humana poderia ser uma boa ideia para uma série de TV. E assim ele se tornou a estrela de um seriado de TV chamado "Horsin' Around". Mas, como muitas estrelas de TV antes dele, o sucesso não durou para sempre e BoJack se encontrou perdido e sozinho.

Ele é uma mistura de egocentrismo, sarcasmo, melancolia e amargura. É o tipo de pessoa que se orgulha de ser um canalha, mas ao mesmo tempo sente culpa por ser um canalha. O tipo de pessoa que vai para a terapia, mas depois se recusa a fazer qualquer coisa que o terapeuta lhe disse. É tão cabeça-dura que custa a mudar, mesmo quando todos ao seu redor lhe dizem que ele precisa disso.

Mas a coisa mais curiosa é que, mesmo sendo uma bagunça, BoJack ainda é um cara legal. Ele tem um coração enorme e, em suas melhores horas, é realmente engraçado e encantador.

Em última análise, é isso que o torna tão adorável. Mesmo quando ele está se metendo em encrencas, você ainda quer que ele consiga superar tudo e ser feliz.

Mesmo quando ele está sendo um cretino insensível, você ainda quer que ele consiga virar o jogo. Isso tudo porque ele é verdadeiro, com aquilo que tem de melhor e pior.

COMO POSSO DESENVOLVER A HABILIDADE DE RECONHECER MEUS PRÓPRIOS DEFEITOS DE FORMA IMPARCIAL E APRENDER A EXIGIR MENOS DE MIM MESMO?

Você se encontra em um sonho estranho, no qual tudo é bastante incomum. O ambiente parece ter saído de um desenho animado, com cores vibrantes e formas distorcidas. De repente, você vê BoJack Horseman se aproximando, parecendo tão real quanto tudo ao seu redor.

Ele é excêntrico e dramático, mas parece legal. Quando você se aproxima e o cumprimenta, ele responde com uma gargalhada e uma postura descontraída, prontamente aberto para um bate-papo.

De vez em quando, carregamos alguns problemas que não são nossos. Tem gente que faz isso com muita frequência, por sinal. É inútil! Trata-se de uma prática um tanto quanto autodestrutiva, afinal, não dá para abrir a mente de uma pessoa e colocar certas ideias lá dentro.

Pessoas curtem suas ilusões, seus dramas e confusões, ainda que vivam reclamando disso. Ninguém muda ninguém.

Pense sobre como você pode ter sido importante para as pessoas em um determinado momento, mas ninguém leva em consideração quando você não está presente. As pessoas geralmente não se importam realmente com seus sentimentos, e os contatos são superficiais. Se alguém entra em contato com você, é porque precisa de algo. Se você está por perto, as pessoas podem gostar de conversar e estar com você por diversão.

É como se você fizesse pequenas participações nas séries que contam a vida dos outros, mas não fosse parte do elenco principal da história.

"Você sabe qual é o problema com todo mundo? Eles só querem ouvir aquilo em que acreditam. Nunca ninguém quer ouvir a verdade."

Mas não precisa ficar preocupado, nem entrar numa onda de alimentar paranoias com nada disso. Você vai ver pessoas que considerava muito importantes tornarem-se apenas pessoas.

Antes que eu esqueça, tenho outra coisa muito significativa para compartilhar. Pelo menos espero que seja útil de alguma forma. Ainda sobre pessoas: prefira conviver com aquelas que são autenticamente falhas, em algumas ocasiões até ruins, mas sinceras, ao invés de viver rodeado por hipócritas, personagens que utilizam palavras doces e gestos de "bondade" como moedas de troca.

Enfim, melhor estar com gente de verdade, repleta de erros e defeitos, do que andar com os que são perfeitamente falsos e podres.

Devo estar parecendo bastante rancoroso, mas não me importo com isso. É como me sinto, não vou simular outra energia.

Só porque você acredita que as coisas poderiam ter sido diferentes, não significa que teriam sido melhores. Esse tipo de pensamento, além de estúpido, é coisa de quem é masoquista.

A pergunta que você fez é muito significativa. É importante reconhecer que todos nós temos defeitos e limitações e que nem sempre é fácil enxergá-los de forma imparcial.

É preciso aprender a perdoar a si mesmo e a entender que nem sempre você vai conseguir atingir todas as suas metas e expectativas. Se permitir falhar e aprender com seus erros pode ser uma maneira eficaz de crescer e se desenvolver como pessoa.

KEANU REEVES

Há algo de mágico na carreira de Keanu Reeves. De sua estreia como um jovem ator em pequenos papéis, ele rapidamente se tornou um grande ícone pop, encantando o público com sua presença carismática e talento único.

Nascido no Líbano, mas radicado no Canadá, é impossível falar sobre Keanu sem mencionar algumas de suas performances icônicas. Quem pode se esquecer dele como Neo, o escolhido, em *Matrix*? Ou seu Johnny Utah, o agente do FBI disfarçado de surfista, em *Point Break*? Cada papel é uma prova de sua habilidade para se transformar completamente em um personagem e de sua capacidade de transmitir profundidade e complexidade em suas performances.

Além de suas habilidades como ator, Keanu também é conhecido por sua personalidade enigmática e incrivelmente humilde. Ele é lembrado por ser um homem generoso, dedicado e preocupado com os outros, e é admirado por sua dedicação à caridade e a causas nobres. Essa combinação de talento e bondade o torna um ídolo para muitos jovens no mundo todo.

Keanu é mais do que um ator de sucesso, ele é um verdadeiro herói para muitos jovens que estão lutando para encontrar seu caminho na vida. Para ele, seguir os sonhos e alcançar o sucesso não é uma questão de sorte, mas sim de determinação e perseverança. Ele é uma inspiração para todos aqueles que enfrentam obstáculos aparentemente impossíveis em sua jornada, provando que é possível superá-los e alcançar a grandeza. E o que é ainda mais incrível é que sua influência não se limita à tela, mas se estende para fora dela, mostrando a importância da bondade e da generosidade para com os outros. Keanu nos ensina a nunca desistir de nossas grandes paixões e a sempre seguir em frente, não importa o quão difícil a vida possa parecer.

O fato é que a carreira de Keanu Reeves é uma jornada de sucesso inspiradora, repleta de grandes atuações, humildade e bondade genuína. Ele é um cara diferente e seu legado, que ainda está em construção, já rende muitos frutos.

....

EM ALGUM MOMENTO DA VIDA A GENTE SE SENTE REALIZADO? OU O LANCE É IR CONQUISTANDO E PERDENDO COISAS, VENDO PESSOAS CHEGANDO E PARTINDO?

....

Ao adentrar o cibercafé, você é envolvido por uma atmosfera moderna e elegante, com móveis e decoração de alta qualidade, que transmitem uma sensação de conforto e sofisticação. O burburinho das pessoas em conversas animadas, combinado com a música ambiente, cria uma atmosfera agradável e descontraída.

Enquanto caminha pelo espaço, seus olhos são atraídos para um canto da sala, onde vê Keanu Reeves sentado a uma mesa, totalmente imerso em seu laptop. O astro de Hollywood está vestindo roupas casuais, mas com um estilo impecável que só reforça sua presença notável. Você se aproxima dele e Keanu prontamente volta sua atenção para você, com uma postura atenciosa e educada, transmitindo calma e confiança. Seus olhos transmitem uma sensação de serenidade e simplicidade, mas com uma profundidade que te deixa intrigado.

Depois de você se apresentar e iniciar uma conversa com uma pergunta intrigante, Keanu revela sua sabedoria e profundidade de pensamento, compartilhando suas ideias e opiniões de forma ponderada e sábia.

Veja só, sendo bem franco, isso que você está chamando de realização é coisa sua mesmo ou se trata de um peso que jogaram sobre seus ombros? Não acredito que ninguém tenha necessariamente que procurar a felicidade, precisamos mesmo é viver aquilo que carregamos dentro de nós.

Existe um senso comum sobre esse lance de se sentir realizado, os passos que todos deveriam seguir obrigatoriamente para ser feliz. Mas e sua própria maneira de caminhar, como fica?

Sobre conquistar e perder coisas, prefiro pensar que não somos donos de nada, que não possuímos nada, na verdade. Claro que, quando compramos ou ganhamos algo, temos o direito de nos sentirmos bem. Mas se nossa tranquilidade desaparece quando não temos mais certos bens materiais, creio que seja preciso refletir se tais coisas proporcionaram algum benefício ou geraram dependência. O mesmo pode ser dito sobre nossas relações com as pessoas. Claro que podem existir sentimentos envolvidos, entretanto, precisamos aceitar as possibilidades claras de um "até breve" ou "adeus".

Mas não precisa ficar se torturando com nada disso. Faça o que realmente gosta e procure se divertir com isso. Uma dúvida: você já ouviu Ramones? Não se esqueça de colocar algumas músicas numa playlist legal. Tente parar para curtir um blues de vez em quando. Isso pode fazer total diferença no seu dia.

Não considere a solidão uma visita inconveniente. Afinal, ela sempre virá, sem horário marcado. É mais do que parte da família, é parte da vida. Aceite e trate de preparar um lugar bastante confortável, para que vocês possam se acomodar, bater um papo cabeça cheio de algumas verdades profundas e outras nem tanto.

Brinque com o tédio. Cultive o ócio quando sentir que deve fazê-lo. Mas não deixe que nenhum dos dois te passem a perna. Seja mais esperto do que eles.

Uma informação valiosa sobre a vida: não adianta ficar resmungando. O cenário não será magicamente alterado só porque você decidiu bancar o insuportável mais ranzinza do planeta. Portanto, sente-se, mastigue bem a tristeza e a frustração, mostrando que não está no modo The Walking Dead, mas que está realmente vivo.

Pode ser um dos clichês mais *old school*, mas nenhuma tempestade, por mais intensa que seja, permanecerá para sempre. E mesmo nos momentos de maior silêncio, saiba que tudo ao seu redor está dizendo alguma coisa. Medite. Vá caminhar. Observe o caos e sorria um pouco.

Ninguém quer estar com um idiota cheio de soberba, mas todo mundo quer caminhar com alguém capaz de intensificar o brilho do próximo. Saiba que é um grande privilégio poder ajudar alguém.

Todos acabam tendo que enfrentar grandes dificuldades. É praticamente uma regra, já me convenci de que não dá para mudar isso. Mas acabei notando que cada nova barreira, ou inimigo, ativa algum tipo de alerta para a possibilidade de despertar e enxergar as coisas de forma mais lúcida. Talvez seja o melhor momento para se reinventar. Desfrute disso!

É impossível ser íntegro sem assumir a própria vulnerabilidade. Nem todos querem pagar esse preço, mas esse papo aqui não é sobre os outros, é sobre você. A verdade é que não é nada saudável ficar bancando o super-herói.

Afaste-se, desconecte-se um pouco. Aprecie os detalhes, do que quer que seja. Valorize suas palavras, fale apenas o suficiente. Escute mais, observe mais. Ser capaz de suportar o próprio silêncio é sintoma de liberdade.

O resultado disso? Você vai fazer tantas descobertas e aprender tantas coisas que nem imagina.

Eu acredito que, embora seja capaz de viajar pelo mundo, procurando fugir de problemas ou encontrar certas respostas, a melhor saída, senão a única que vale de fato a pena, é mergulhar dentro de si.

Li em algum lugar uma frase creditada a Rabindranath Tagore, escritor indiano que viveu nos séculos XIX e XX, que dizia: "É muito simples ser feliz, mas é muito difícil ser simples".

O ser humano é um ser complexo e diverso, com diferentes perspectivas e maneiras de encarar a vida. No entanto, é inegável que muitas pessoas acabam seguindo um padrão estabelecido pela sociedade, sem questionar se essa é realmente a melhor forma de viver.

Essa programação mencionada no texto pode ser entendida como uma espécie de rotina preestabelecida que muitas pessoas seguem sem sequer refletir sobre seus objetivos ou propósitos. Trabalhar para pagar contas, consumir para se distrair, se divertir para fugir da rotina e descansar para recarregar as energias são atividades que fazem parte da vida da maioria das pessoas, mas nem sempre são acompanhadas de um propósito claro.

Nesse sentido, a frase de Rabindranath Tagore mencionada anteriormente pode ser vista como uma reflexão sobre a necessidade de buscar a simplicidade na vida, de simplificar essa programação que muitos seguem de forma automática. Ser feliz pode ser mais simples do que parece, mas é difícil alcançar essa simplicidade quando se está preso em uma rotina que não leva a lugar algum.

Outro ponto importante é que algumas pessoas vão apontar suas fraquezas e falhas quando estiverem com raiva de você, mas permanecerão em silêncio enquanto tudo estiver bem. Talvez seja melhor estar cercado por pessoas sinceras, com quem você tenha uma relação honesta, do que por aqueles que ficam te analisando e acumulando munições verbais para descarregar sobre você em momentos pontuais.

Outras pessoas nunca compreenderão o valor de tudo o que você faz por elas, até o momento em que você decidir parar de fazer, mas não permita que seu equilíbrio seja afetado. Não vale a pena.

Não faz o menor sentido querer forçar alguém a permanecer em sua vida. Tenha consciência de que permanecer é uma escolha, então, seja muito grato pelas pessoas que escolheram você.

Em algumas circunstâncias, a cura para um determinado mal que te atingiu é simplesmente perceber que você está encarando a situação de uma maneira melhor do que seu antigo eu encararia.

É bom estar consciente de que a sociedade foi construída para que você sofra danos psicológicos, financeiros, familiares e espirituais. Se recusar a encarar essa realidade só vai agravar os danos causados.

A comparação é uma armadilha perigosa que muitas vezes nos faz sentir inadequados e insuficientes. Quando nos comparamos com os outros, estamos enviando mensagens para o nosso cérebro de que não somos bons o bastante, de que precisamos fazer mais, ser mais ou ter mais para sermos felizes. No entanto, essa é uma ilusão que nos afasta da nossa própria essência e da nossa felicidade verdadeira.

Silenciar a voz da comparação pode parecer uma tarefa difícil, mas é fundamental para encontrarmos a nossa paz interior. Devemos nos lembrar de que cada um tem o seu próprio caminho e o seu próprio ritmo e que não faz sentido nos compararmos com os outros, pois somos únicos e temos as nossas próprias características e talentos.

Portanto, não caia no canto da sereia da comparação. Lembre-se de que a felicidade está dentro de você e que você é capaz de alcançá-la de forma autêntica e verdadeira. Quando silenciamos as vozes externas e nos conectamos com a nossa essência, somos capazes de encontrar a nossa própria felicidade e de viver uma vida plena e satisfatória.

BOB MARLEY

Bob Marley foi um dos maiores nomes da música mundial e sempre foi tratado como um dos mais influentes ícones da cultura popular. Com sua mistura única de reggae, rock, ritmos africanos e letras políticas e espirituais, Bob criou uma música que é tão vibrante e relevante hoje quanto era nos anos 1970 e 1980.

Bob nasceu na Jamaica em 1945 e começou a sua carreira musical com apenas 14 anos, tocando em pequenos grupos locais. Ele rapidamente se destacou com sua voz poderosa e letras incisivas, e em 1973 lançou seu primeiro projeto, *Catch a Fire*. Esse álbum, juntamente com *Burnin'* e *Natty Dread*, destacaram Bob como um dos principais nomes do reggae e lhe renderam uma legião de fãs em todo o mundo.

Mas o legado de Bob vai além da música. Ele é lembrado como um defensor da paz e da justiça, usando sua música como uma ferramenta para inspirar e motivar as pessoas a lutarem por mudanças sociais e políticas. Ele era conhecido por sua mensagem de amor e união, e suas produções ainda são usadas como uma forma de lembrar esses valores.

Entre as músicas mais famosas de Bob estão "One love", "No woman, no cry", "Get up, stand up" e "Redemption song". Cada uma incorpora poesia e sabedoria, propagando importantes mensagens, como a de união e paz entre os povos. Ele pregava que, apesar de nossas diferenças culturais, religiosas e sociais, todos somos seres humanos e devemos nos unir para construir um mundo melhor. Mas a coisa mais incrível é que todas elas são tão atemporais e universais que continuam a ser relevantes e tocantes, décadas depois de sua criação.

Bob também foi influenciado por muitos outros artistas e movimentos, incluindo músicos negros americanos, como Curtis Mayfield e Marvin Gaye, e a filosofia Rastafariana. Ele usou essas influências para criar um som que é especial e inspirador e que continua a mover novas gerações de artistas e fãs.

COMO POSSO ENCONTRAR ESSA TAL PAZ INTERIOR DE QUE TANTO FALAM?

Você caminha pela praia, ouvindo o som das ondas quebrando na areia. Há muitas pessoas se divertindo ao seu redor, algumas se banhando no mar, outras jogando bola ou simplesmente relaxando sob o sol. Enquanto você admira a vista, percebe um grupo de pessoas ao redor de alguém que está cantando e tocando um violão. Ao se aproximar, você reconhece Bob Marley. Ele parece tranquilo e à vontade enquanto toca algumas de suas canções icônicas.

Quando Bob para de cantar e olha para o mar, você aproveita a oportunidade para se aproximar dele. Ele se vira para você com uma postura prestativa e simpática. Depois de se apresentar e iniciar um bom papo com uma pergunta, você fica impressionado com a sabedoria que ele transmite em suas palavras. Bob escuta com atenção e responde com calma e sinceridade, enquanto os pensamentos surgem em sua mente.

Antes de qualquer questão, é preciso que entenda que a luz de Jah está dentro de você e que toda experiência é sagrada. Jamais deixe de lado sua origem, suas raízes e ancestralidade. Sempre que for possível, esteja em contato com a natureza, celebre a paz e contemple a harmonia em cada detalhe. Exercite a pausa, a reflexão e a escuta interna. Assim, você poderá encontrar equilíbrio.

Durante a sua jornada, lhe mostrarão muitas coisas de "valor", tentando te convencer de que você não tem valor. Por isso eu digo: não seja dominado pelo sistema. Eles são movidos pela ganância e têm sede de poder. Sempre foram especialistas em escravizar, especialmente gente humilde e de bom coração. Fique alerta! Muitos te odiarão, fingindo te amar.

"O que precisamos é de amor para guiar e proteger nós mesmos."

Não lute para conquistar o mundo enquanto perde a própria alma. A sabedoria é mais valiosa do que ouro e prata. Emancipe-se da escravidão mental. Ninguém além de você pode libertar sua mente.

Não tenha medo da força opressora. Nenhum de seus esforços será capaz de parar o tempo. Levante, resista: lute pelos seus direitos e ideais.

Entoe canções de redenção. Enquanto o sol raiar e a lua te proteger, use seu fôlego para cantar e dançar. Todas as vezes que fizer isso, você elevará sua vibração e purificará sua energia.

Diante de tudo isso, com certeza vai acabar encontrando vários juízes, tentando validar ou não cada passo que você der. Essa postura adotada por muitos vai indicar quem é de verdade e quem é de mentira. Quem atua em missão de paz e quem é escravo do padrão.

Mas não se preocupe. Quando me deparo com isso, costumo dizer: "Vocês riem de mim por eu ser diferente, e eu rio de vocês por serem todos iguais".

No fim das contas, o que todos precisam, embora sejam ignorantes, é de amor para nos proteger e guiar. Já parou para pensar que uma atitude de amor poderia evitar inúmeras crises e dores?

As outras pessoas, carregando suas guerras internas, não podem te oferecer paz. Aqueles que mentem para si mesmos não podem te presentear com a sinceridade. Os traidores são incapazes de oferecer lealdade, assim como aqueles que não possuem amor-próprio não podem realmente amar você. Ninguém vai poder te entregar o que não pode dar a si mesmo.

Amor não é posse, é liberdade.

Bob Marley

CHARLES BUKOWSKI

Charles Bukowski é uma lenda da literatura contemporânea, conhecido por sua escrita bruta, direta e intensa. Seu trabalho é uma mistura única de poesia e prosa que reflete a vida imprevisível e excêntrica de uma pessoa que sempre esteve procurando por novas e perigosas aventuras.

Bukowski nasceu em Andernach, na Alemanha, em 1920, mas cresceu nos Estados Unidos, onde teve uma infância difícil marcada por uma vida de trabalho pesado e abuso paterno. No entanto, isso não impediu que ele se tornasse um dos escritores mais polêmicos, importantes e influentes de sua geração.

Sua obra é conhecida por retratar a vida da classe trabalhadora, a natureza imperfeita e violenta do ser humano e a paixão pelo amor e pela bebida. Algumas de suas obras mais conhecidas incluem *Você fica tão sozinho às vezes que até faz sentido*, *Mulheres*, *Misto-quente* e *Escrever para não enlouquecer*, todas elas carregadas de sua amargura e seu humor sombrio.

Mas, além de sua escrita talentosa, Bukowski era também conhecido por sua personalidade única e extravagante. Ele era um homem que gostava de se divertir, beber e se envolver em muitas encrencas. Essa combinação de talento literário e personalidade excêntrica fez dele uma figura ainda mais interessante e amada pelos fãs.

Curiosidades sobre sua vida incluem sua paixão por corridas de cavalos, sua longa relação com a poeta Linda King e sua amizade com o escritor John Fante. Bukowski também foi um homem que viveu a vida à sua própria maneira, não se importando com as opiniões dos outros e sempre seguindo seu próprio caminho.

Charles Bukowski, amado ou odiado, é uma lenda da literatura, um escritor que deixou sua marca na história com sua escrita ácida e crua. Para quem está procurando uma leitura forte, divertida e repleta de verdades amargas, Bukowski é a escolha certa.

O GRANDE AMOR DA MINHA VIDA ME ABANDONOU E AGORA ME SINTO MAL, CULPADO, INSUFICIENTE E SOZINHO. SERÁ QUE AINDA EXISTE ALGUMA ESPERANÇA PARA MIM?

Você está num posto de gasolina movimentado, com carros e pessoas por toda parte. É quando enxerga Charles Bukowski saindo da loja de conveniência, indo em direção ao próprio carro e pegando um jornal para ler. Então você caminha até ele, mas sua postura irreverente e debochada faz você pensar duas vezes. Mesmo assim, dá um passo à frente e o cumprimenta, apresentando-se e iniciando uma conversa com sua pergunta.

Bukowski parece surpreso, mas sua curiosidade aguçada faz com que ele preste atenção ao que você tem a dizer. Ele começa a expressar seus pensamentos, com sua franqueza característica, surpreendendo com suas respostas sinceras e sem rodeios. Sua conversa parece chamar a atenção dele e, quando se dá conta, ele está imerso em pensamentos profundos, refletindo sobre a questão que foi trazida à tona.

Ei, camarada, sentiu a porrada no coração, hein? Bem-vindo ao clube dos rejeitados. A vida é dura, mas a gente tem que se erguer e continuar andando. Não vai ficar chorando pelo leite derramado, né? Tenha vergonha na cara!

Esquece esse papo furado de grande amor, não existe coisa mais ilusória. As pessoas vêm e vão, e se essa pessoa te abandonou, é porque não era tão importante assim. Além disso, se ficar aí se lamentando, vai acabar virando um bêbado fedido como eu (brincadeira, claro).

Mas a verdade é que a dor é pesada, cruel e real, e a gente tem que lidar com ela. Ponto! Minha sugestão é se divertir um pouco, mesmo se sentindo quebrado, fazer coisas novas, conhecer novas pessoas. Assim você vai se curando, aleatoriamente. E se a vontade de beijar alguém surgir, beije. Não tem regra, não tem hora. A vida é curta, então aproveite.

E se você está procurando consolo na arte e na escrita, bem, eu também fui por esse caminho. Escreva sobre sua dor, sua raiva, sua tristeza, não economize. Escreva sobre tudo o que sente. Isso ajuda a liberar essa energia negativa e vai te deixar cada vez mais leve.

A vida é um lixo, mas a gente tem que se divertir mesmo assim. Então, levante a cabeça e deixe as lágrimas escorrerem, porque se ainda escorrem é sinal de que ainda existe vida aí dentro!

Não me diga que acreditava que sangue iria correr pelas suas veias e ainda assim não chegaria o dia em que você teria que sangrar? Sangre, veja feridas virarem cicatrizes e sua ingenuidade se transformar em malandragem. Se nada estiver te perturbando, você deve ter aderido ao modo hipócrita de ser. Quando estamos realmente vivos, as coisas não permanecem como eram antes.

Quando perceber que todos estão correndo numa determinada direção, caminhe para o sentido contrário, pois se os tolos foram movidos pela covardia, você não será parte deles. Mas, se surgiu algum perigo, o desafio vai revelar do que você realmente é feito. É fato que as massas sempre elevam os idiotas, mas a melhor coisa é não precisar de nenhum deles.

Procure incessantemente por aquilo que mexe com o seu apetite. Faça o que for servir de alimento para suas paixões. Não se prive de experimentar algo novo. Suba até o palco, abra as cortinas, não seja um patético espectador de sua história.

"*Nunca me senti só. Gosto de estar comigo mesmo. Sou a melhor forma de entretenimento que posso encontrar.*"

Estar sozinho e ser solitário são coisas bem diferentes. Você pode estar rodeado de pessoas e ainda se sentir solitário, ou pode estar sozinho e se sentir em paz consigo mesmo. Eu nunca me senti só, sabe por quê? Porque eu gosto de estar comigo mesmo. E não estou dizendo que você deve se isolar do mundo ou dos outros, mas é importante aprender a apreciar a sua própria companhia. Você é a melhor forma de entretenimento que pode encontrar, não precisa depender de ninguém para ser feliz. Não estou dizendo para se tornar um ermitão, mas para valorizar sua própria presença.

Se tiver que lutar, então lute. Se tiver que surtar, surte. Se tiver que gritar, use sua voz e produza o som mais estridente e libertador que puder. Rasgue a etiqueta e as boas maneiras. Livre-se completamente dessas bobagens. Deixe isso para pessoas estúpidas. Eles adoram cultuar hipocrisia barata.

Mesmo estando só um pouco sóbrio, sou capaz de dizer que nascemos e somos arremessados numa sociedade doente. Chega a ser engraçado que os shoppings estejam abertos enquanto os hospícios estão fechados.

Os shoppings são o reflexo de uma sociedade cada vez mais padronizada e consumista. Eles são o templo do consumo desenfreado, onde as pessoas vão para gastar dinheiro em coisas de que muitas vezes nem precisam. Eles incentivam a ideia de que a felicidade pode ser comprada.

Uns jogam comida fora para outros tantos catarem do lixo sua próxima refeição. Explosões sacodem o mundo. Com todas as suas nuances, a vida sempre inspira uma nova dose de mudança. Portanto, não se engane, ela não cansa de alimentar o desejo pela embriaguez.

"*Tem muita frieza nesse mundo. Se as pessoas pudessem conversar sobre as coisas já ajudaria muito.*"

SUN TZU

Sun Tzu foi um estrategista militar e filósofo chinês cuja obra *A arte da guerra* se tornou uma das mais lidas, influentes e respeitadas do mundo. Com mais de dois mil anos, sua sabedoria ainda é estudada e aplicada em contextos militares, empresariais e pessoais. Mas Sun Tzu foi muito mais do que um mero teórico da guerra. Ele compreendia a natureza humana e os movimentos políticos e sociais e acreditava que a verdadeira vitória nas batalhas da vida não vem da força bruta, mas da inteligência, da estratégia e da adaptação.

Sua obra é repleta de lições inspiradoras sobre liderança, planejamento, comunicação, alianças e, acima de tudo, sobre a importância da flexibilidade e da sabedoria em tempos incertos. Sun Tzu ensinou que é possível vencer sem lutar e que a vitória mais importante é aquela que evita a guerra.

Mas sua influência vai além dos campos de batalha. Líderes de grandes corporações e executivos de todo o mundo aplicam seus ensinamentos para alcançar sucesso em suas disputas e carreiras. Sua abordagem analítica e minuciosa ajuda as pessoas a pensar de maneira mais clara e a tomar decisões mais sábias, independentemente do contexto.

O legado de Sun Tzu é um convite à reflexão sobre nossas escolhas e ações. Ele nos lembra da importância da preparação, da inteligência emocional e do equilíbrio entre força e diplomacia, aspectos que fazem com que sua mensagem seja universal e atemporal.

Sun Tzu é uma fonte de inspiração e um guia valioso para aqueles que buscam alcançar êxito em suas ações. Sua obra é uma lembrança poderosa de que, independentemente das circunstâncias, podemos vencer com sabedoria, lucidez e coragem.

SÃO MUITAS BATALHAS E INIMIGOS PARA ENFRENTAR. QUAL A MELHOR ESTRATÉGIA PARA SAIR VENCEDOR?

Você está num campeonato de xadrez, rodeado por outros jogadores ansiosos e concentrados, mas há algo especial sobre essa partida: você é adversário de Sun Tzu, um famoso estrategista e autor do livro *A arte da guerra*. Você o observa sentado diante do tabuleiro, sua postura disciplinada e sua mente focada no jogo. Mesmo assim, você se aproxima dele, o cumprimenta e começa o jogo.

Durante a partida, você faz sua pergunta a Sun Tzu, iniciando uma conversa interessante. Ele responde com sabedoria e eloquência, revelando sua profunda compreensão do jogo e da estratégia. Seus movimentos são precisos e calculados, cada um com um propósito claro. Você se sente desafiado, mas também inspirado pelo seu oponente.

Um conselho inicial, de fundamental importância: estamos em guerra contra dificuldades impostas pela sociedade, injustiças, desigualdades e competições. Aceitar tal fato e estudar sobre o assunto define o caminho para a sobrevivência ou ruína. Acreditar na trégua, sem evidências concretas, é um equívoco cometido por muitos e que deve ser evitado, custe o que custar.

Também faço um alerta! Antes de qualquer ação, é absolutamente necessária a busca pelo máximo de informações. Não é preciosismo, tampouco paranoia; trata-se de uma medida crucial. Não coloque nenhum plano em prática sem ter uma ampla visão acerca dos obstáculos e eventuais adversários que poderá encontrar pela frente.

No mundo contemporâneo, a competição permeia diversas esferas da vida. No mercado de trabalho, as empresas buscam candidatos com habilidades e qualificações específicas, exigindo um esforço maior daqueles que desejam se destacar dos demais candidatos. Isso também se aplica a concursos públicos e vestibulares, em que o número limitado de vagas eleva a competição a níveis ainda mais acirrados. A necessidade de se preparar intensamente e obter um desempenho superior é fundamental para o sucesso nesses processos seletivos.

No entanto, a competição não se limita apenas a esses contextos. Ela também está presente em outras esferas da vida, como na busca por reconhecimento social e sucesso pessoal. As redes sociais, por exemplo, se tornaram um espaço em que as pessoas competem por atenção e visibilidade, buscando se destacar dos demais usuários. Nesse sentido, é importante lembrar que a competição não deve ser vista como um fim em si mesma, mas como um meio para alcançar objetivos pessoais e profissionais. O desafio é aprender a lidar com a pressão e o estresse da competição sem perder de vista os valores e as metas que norteiam nossa vida.

"A suprema arte da guerra é derrotar o inimigo sem lutar."

Note que a guerra se mistura com a vida e ambas são pautadas prioritariamente por aquilo que vemos. A essência habitualmente fica em segundo plano. Em virtude disso, quando estiver forte, finja fraqueza; quando estiver pronto para o ataque, finja displicência; quando estiver distante, finja estar muito próximo; e, quando for se aproximar, finja que está se distanciando.

Mantenha a postura. Nunca, jamais se exponha. Certamente sua vulnerabilidade será explorada por alguém. Destrua sua impulsividade. Quando negligenciada, pode se transformar na fonte de sua derrota.

"Aquele que conhece o inimigo e a si mesmo lutará cem batalhas sem perder; para aquele que não conhece o inimigo, mas conhece a si mesmo,

as chances para a vitória ou derrota serão iguais; aquele que não conhece nem o inimigo e nem a si próprio será derrotado em todas as batalhas."

Seja soberano sobre suas estratégias. Mesmo consultando outras pessoas ou até mesmo pesquisando histórias de sucesso, a palavra final deve ser sua. Não divida seu trono com ninguém. Governe sua vida!

Não seja cabeça dura! Mesmo definindo um plano e acreditando nele, saiba que as condições são mutáveis, o que vai desafiar sua capacidade de adaptação e improviso. Minha recomendação é que você carregue consigo algumas alternativas e ferramentas para lidar com tal instabilidade.

"A habilidade de alcançar a vitória mudando e adaptando-se de acordo com o inimigo é chamada de genialidade."

Destrua sua inclinação por efetuar movimentos desnecessários. Se determinada pessoa ou situação for realmente oferecer vantagens, vá em frente. Caso contrário, seja firme e permaneça onde está.

Sempre que possível, opte pela sutileza. Não faça barulho durante o processo, pois despertar atenções inúteis, evidentemente, não vai agregar categoricamente nada. Dominar e usar o silêncio é uma arte; seja o melhor artista que puder ser.

Não mova nenhuma peça de seu tabuleiro quando estiver sendo movido por suas emoções. Nenhuma delas lhe servirá como bom conselheiro em sua jornada rumo à vitória. Logo, subjugue cada sinal de passionalidade ao poder da racionalidade.

LAO-TSÉ

Lao-Tsé, um mestre místico da antiga China, é um dos filósofos mais importantes e influentes da história. Com sua sabedoria poética e profunda, ele deixou um legado fértil e duradouro que inspira gerações.

Ele nasceu em meio às montanhas, em algum momento entre o século VI e o IV a.C., e tornou-se um dos maiores pensadores da China antiga. Como escriba no governo, ele presenciou a opressão, a corrupção e a guerra e decidiu abandonar tudo para seguir seu caminho como um errante, numa jornada de busca pela verdade e sabedoria.

Foi nessa jornada que Lao-Tsé escreveu seu livro sagrado, o *Tao te ching*, que se tornou um dos grandes clássicos da filosofia chinesa. Na obra, ele explora a natureza do universo, a verdadeira face da realidade e a sabedoria da vida. O *Tao te ching* é uma obra poética que fala sobre o equilíbrio da vida, o valor da simplicidade e a importância da ação sem ação. Lao-Tsé ensinou que a verdadeira sabedoria está em encontrar harmonia com a natureza e com a vida, e que a verdadeira força vem da paciência, da humildade, da serenidade e da compaixão.

Sua influência é sentida em muitos aspectos da cultura e da sociedade chinesa, e seu legado transcende as fronteiras culturais e temporais. O *Tao te ching* é praticamente uma obra de arte universal, que inspira pessoas de todas as partes do mundo a encontrar seu próprio caminho e a viver desfrutando da paz.

Curiosamente, pouco se sabe sobre a vida de Lao-Tsé. Algumas lendas dizem que ele viveu mais de 200 anos e que, ao partir para o oeste, passou a viver como um sábio anônimo, compartilhando suas palavras com aqueles que o procuravam.

Seja verdade ou lenda, o que importa é o impacto grandioso de sua sabedoria. Lao-Tsé nos ensina a valorizar a sensibilidade e encontrar beleza na vida, a buscar a verdade interior e a viver com humildade e gratidão.

TENHO ACUMULADO PROBLEMAS E PREOCUPAÇÕES, NÃO CONSIGO ME CONCENTRAR EM NADA. TEM COMO SAIR DESSA?

Você caminha pelo jardim botânico, apreciando a beleza das árvores e o ar fresco da natureza. Em um canto tranquilo, encontra um homem idoso sentado sob a sombra de uma grande árvore. É Lao-Tsé, o famoso filósofo chinês.

Ao se aproximar, você sente uma aura de paz e sabedoria emanando dele. Ele parece imerso em seus próprios pensamentos, mas, ao perceber sua presença, olha discretamente para você e cumprimenta com um sorriso. A conversa flui naturalmente a partir da sua pergunta, que o leva a uma reflexão profunda sobre a vida. Ele compartilha suas ideias e experiências, mostrando uma visão de mundo inspiradora.

Caro amigo, você está carregando um peso muito grande em seu coração. Eu compreendo a sua preocupação e o seu desespero, mas permita-me compartilhar algumas palavras de sabedoria que o ajudarão a encontrar a paz interior e a concentração.

Em primeiro lugar, você deve compreender que a preocupação é uma escolha. Nós escolhemos nos concentrar nas dificuldades e nos problemas em vez de apreciar o presente e encontrar a beleza da vida.

A preocupação é como uma nuvem que obscurece nosso juízo e nos impede de ver a verdadeira natureza da realidade.

Por isso, minha recomendação é que você busque a simplicidade e a humildade. Permita-se apreciar as pequenas coisas da vida, como o sol que brilha, a brisa suave que sopra, ou o canto dos pássaros. Quando você se concentra na beleza do presente, sua mente fica limpa e clara, e sua preocupação se dissolve.

Além disso, você deve aprender a viver no momento presente. Muitas vezes, nossos problemas e dificuldades são causados pela ansiedade pelo futuro ou pelo arrependimento pelo passado. Quando você se concentra no agora, você encontra a paz interior e a concentração.

Por fim, você deve aprender a viver com humildade e compaixão. A humildade é a chave para compreender a verdadeira natureza da vida e do universo, e a compaixão é a força que nos conecta a tudo e a todos. Quando você vive com humildade e compaixão, você encontra a verdadeira sabedoria e a verdadeira paz.

Amigo, a vida é uma jornada. A dificuldade é apenas uma parte da viagem. Quando você aprende a viver com sabedoria e equilíbrio, você encontra a verdadeira felicidade e a verdadeira paz interior. Eu desejo-lhe boa sorte e que você encontre a concentração e a felicidade que você procura.

Independentemente do que esteja acontecendo, pare. Feche os olhos para o mundo, contemple a si mesmo e tome posse daquilo que você é. A partir daí, abra os olhos e enxergue tudo ao redor, de forma completamente diferente. Note que o movimento habitual é do externo para o interno, por isso acabamos sofrendo mais do que deveríamos e por vezes nos sentimos impotentes, na medida em que trazemos os impactos devastadores do mundo diretamente para nossas almas.

O vento contrário trará sempre uma nova perspectiva, assim como o movimento das águas representam a força viva da natureza. Saiba que a dor não é um fim em si mesma. Por mais difícil que seja ter que lidar com ela, uma de suas missões é oferecer valiosas lições. Meu conselho aqui? Seja um aprendiz paciente. A conquista da maturidade tem um preço.

"Nada é impossível a quem pratica a contemplação. Com ela, tornamo-nos senhores do mundo."

Com o tempo, você acabará aprendendo a valorizar mais sua intuição. Tenha consciência de que não se trata de uma mera suspeita sobre situações e pessoas. Todos nós temos uma potente voz interior, que precisa ser lapidada. O melhor investimento, insisto, é o autoconhecimento.

"Quem conhece a sua ignorância revela a mais profunda sabedoria. Quem ignora a sua ignorância vive na mais profunda ilusão."

A soberba só conhece o caminho de sua morada: o fracasso. É na humildade que encontramos ferramentas e solo fértil para semear boas coisas. Consequentemente, somos abençoados com a possibilidade de construir e crescer. Isso é tão real que chega a ser espantoso.

Lembre-se de que grandes homens nunca se sentem grandes e homens pequenos nunca se sentem pequenos.

Prepare sua terra, lance as sementes certas e cuide daquilo que estiver em suas mãos, ciente de que está na condição de cuidador, e não de dono. Daí também percebemos a importância de compartilhar.

Lao-Tsé

OBI-WAN KENOBI

Obi-Wan Kenobi é um dos personagens mais emblemáticos e queridos da franquia *Star wars*. Ele é um mestre Jedi que dedicou sua vida a proteger a galáxia, treinar novos Jedi e lutar contra a escuridão.

Nascido em uma época de conflitos e incertezas, Kenobi se tornou um dos mais fortes e respeitados Jedi da Ordem, usando sua sabedoria, determinação e habilidades para conduzir muitas missões importantes e salvar vidas.

Mas, mais do que suas habilidades com a Força e sua técnica de combate, Kenobi é conhecido por sua sabedoria e equilíbrio. Ele sempre buscou encontrar uma solução pacífica para os problemas e evitar a violência, acreditando firmemente no poder da sabedoria e da compaixão para vencer a escuridão.

Obi-Wan Kenobi é um mentor de altíssimo nível e uma figura paternal para muitos personagens na franquia *Star wars*, incluindo ninguém mais ninguém menos que: Luke e Anakin Skywalker. Sua saga é completamente épica e cheia de significado, desafios e vitórias, perdas e conquistas.

No final, Obi-Wan Kenobi é um dos ícones mais memoráveis e amados de toda a franquia *Star wars*, representando a bondade, a coragem e a perseverança que todos nós podemos aspirar a alcançar.

PROVAVELMENTE MEU MAIOR INIMIGO É A AUTOSSABOTAGEM. COMO POSSO VENCER UM INIMIGO TÃO PODEROSO?

Você está imerso em um sonho, no cenário épico de *Star wars*. À sua volta, há uma infinidade de detalhes que remetem às produções cinematográficas, como naves espaciais, planetas desconhecidos e criaturas alienígenas.

De repente, você nota a figura icônica de Obi-Wan Kenobi caminhando. Ele inspira sabedoria e sua postura é a de um verdadeiro mestre Jedi. Ele se aproxima e cumprimenta você, como se já o conhecesse.

Então, você não hesita e apresenta sua pergunta para iniciar um bom papo.

Não é nada incomum sermos perturbados por vozes que tentam sabotar nossa coragem e que nos fazem duvidar de nós mesmos. Até mesmo porque inevitavelmente certas experiências causam ferimentos, que logo se transformarão em cicatrizes.

Também será preciso lidar com grandes desafios, que alimentam nossa insegurança e elevam nosso estado de ansiedade. Mas você possui uma força, um poder muito maior do que é capaz de imaginar.

"Com o tempo aprenderás a confiar em teus instintos, então serás invencível!"

Tanto que muitos obstáculos, que no passado considerava impossíveis de serem superados, você é capaz de superar hoje com certa naturalidade. Assim é a trajetória de todo guerreiro. Lidar com o desconhecido, com aquilo que está fora do nosso controle, é parte do processo de evolução e requer disciplina, honra, dignidade, senso de justiça e lealdade.

Procure se manter cada vez mais distante das vozes do fracasso e da desonra. Não se permita vivenciar uma condição de retrocesso moral.

Ao longo de sua jornada, você terá que enfrentar muitos oponentes. Alguns tentarão ataques convencionais, até certo ponto previsíveis; de qualquer forma, esteja preparado para isso, pois você pode ser atingido.

"Quem é mais tolo? O tolo, ou o tolo que o segue?"

Mantenha-se atento aos ataques que virão com certa sutileza e disfarçados de ajuda, como as tentativas de o corromper e dissuadir. Alguém sempre apresenta supostos ganhos, vantagens e atalhos para que obtenha sucesso e seja mais poderoso.

Meu conselho? Não troque sua jornada por meros atalhos. Encurtar caminhos pode te privar de aprender importantes lições e prejudicar seu desenvolvimento. Logo, preserve sua integridade e não se deixe levar por tais promessas.

As emoções podem ser pedras pelo caminho. Dificilmente tropeçaremos nas grandes, mas não seja negligente com elas. Procure se esquivar das ideias lançadas pelas paixões alheias. Use o bom senso e não se desvie do bem.

"Se sacrificarmos nosso código, mesmo pela vitória, podemos perder o que é mais importante: nossa honra."

É importante estarmos atentos aos próprios pensamentos, pois eles podem nos enganar. Por exemplo, uma ideia fixa que contraria a ética pode levar a comportamentos inadequados. A ansiedade pode aumentar a impulsividade e levar a decisões precipitadas. Além disso, crenças negativas, por menores que sejam, podem crescer e afetar nossa personalidade. Portanto, é preciso cuidado e atenção constante com os nossos pensamentos e emoções.

Lembre-se de que a força é o que faz um Jedi ser poderoso e que ela é responsável por unir galáxias. Toda a energia que flui pelo universo tem como propósito original a harmonia e a paz. Nenhum de nós deveria atrapalhar tal processo.

Sei que nosso futuro de um modo geral é incerto. E como já alertei, seremos testados e desafiados com frequência. Amizades, fé, confiança, força e habilidade. Mesmo ferido ou frustrado, procure se manter firme, porque uma nova esperança sempre surgirá.

Tenha o devido cuidado para não tomar como verdade aquilo em que você quer acreditar, ideias que sejam convenientes ou favoráveis aos seus interesses. Até porque na maior parte do tempo a verdade efetiva é acompanhada por certo desconforto.

"Se você se define pelo poder de tirar a vida, o desejo de dominar, de possuir... então você não tem nada."

Obi-Wan Kenobi

SNOOP DOGG

Snoop Dogg é um dos maiores nomes do hip-hop mundial e um ícone cultural que construiu uma potente marca dentro e fora do mundo da música. Nascido em Long Beach, Califórnia, em 1971, Calvin Cordozar Broadus Jr. iniciou sua carreira musical com o nome de Snoop Doggy Dogg, tornando-se rapidamente conhecido por sua voz única e suas letras cheias de *swag*.

Ao longo de sua carreira, Snoop Dogg expandiu seus horizontes musicais, experimentando diversos gêneros e colaborando com artistas de todo o mundo. Mas, para além de tudo isso, ele se tornou um verdadeiro rosto do hip-hop, representando a cultura e a comunidade com orgulho, irreverência e dignidade.

Snoop Dogg tem uma presença forte e autêntica, transmitindo mensagens de paz, alegria, amor e união em suas letras e seu estilo de vida. Ele é conhecido por sua filosofia relaxada e descontraída, sempre procurando aproveitar a vida ao máximo e espalhar boas vibrações ao seu redor. Além de sua carreira musical brilhante, Snoop Dogg tem se destacado como ator, aparecendo em vários filmes e programas de televisão, sempre mantendo sua personalidade carismática e *good vibes*.

ANDO ME SENTINDO UM POUCO ESTAGNADO E SEM INSPIRAÇÃO. QUE VIAGEM ERRADA É ESSA?

Você está num grande ginásio, onde acontece um campeonato de *break dance*. O lugar está lotado, e as batidas das músicas ecoam por toda a arena, fazendo todo mundo vibrar. O público está empolgado, e você pode sentir a euforia no ar.

Enquanto observa a competição, você nota que uma pessoa se destaca entre as outras. É Snoop Dogg, o rapper e ícone da cultura hip-hop, que está sentado na primeira fila, se divertindo com o que está acontecendo no palco. Você decide se aproximar dele para tentar puxar uma conversa.

Snoop Dogg percebe a sua abordagem e se volta para você com um sorriso. Ele está relaxado, mas ao mesmo tempo parece concentrado no que está acontecendo na arena. Vocês logo iniciam um papo muito legal.

É bom estabelecer uma troca de ideias consigo mesmo. Em algumas situações, nos damos conta de que estamos carregando o piano da vida sozinhos. Não tem muito mistério. De repente, cai a ficha de que somos os únicos capazes de fazer acontecer o que tanto desejamos.

Essa troca de ideias consigo mesmo é fundamental para a jornada da vida, pois nos ajuda a refletir sobre nossas escolhas, nossos desejos e objetivos. Quando nos damos conta de que somos os únicos responsáveis por nossas ações e decisões, isso pode ser um tanto assustador, mas também é empoderador. Podemos aprender a confiar em nossa própria capacidade de superar desafios e alcançar nossos sonhos, e isso pode nos levar a um estado de realização pessoal e felicidade genuína. Porém, essa jornada não é fácil, e muitas vezes nos deparamos com obstáculos e dificuldades que parecem intransponíveis. Mas, se mantivermos esses diálogos internos, podemos encontrar a coragem e a sabedoria necessárias para seguir em frente, mesmo nos momentos mais difíceis.

Tenha coragem para reconhecer seu próprio mérito e o valor de seus esforços. Amor-próprio é sempre a melhor solução. Então, acorde e se valorize. Olhe o quanto você teve que ralar para conseguir chegar até onde chegou.

Você sempre terá a chance de fazer algo positivo. Use essa chance para construir uma parada legal, algo memorável e que de repente possa servir para ajudar ou inspirar outras pessoas. Passe adiante o seu conhecimento antes de perder a chance de conseguir fazer isso.

"*Às vezes uma perda é a melhor coisa que pode acontecer. Isso te ensina o que você deve fazer da próxima vez.*"

Estamos todos conectados, sempre compartilhando alguma coisa. Acredito que a parte legal da história é justamente esta: propagar boas energias, alegria, parceria, diversão e lances desse tipo.

Quando o clima estiver pesado, saia para dar um rolê. Busque a leveza. Pode ser o lugar, a galera, o momento. O lance é não ceder diante da negatividade. Supere o ódio não fazendo parte dessa gangue e ficando de boa.

Todo mundo fecha os olhos e viaja, mas você decide se isso será um pesadelo ou um belo sonho. Vai muito das coisas que você anda absorvendo durante os dias, consciente ou inconscientemente. A verdade é que geral tem noção de que é muito melhor sonhar, mesmo alimentando a alma com um monte de lixo.

Sempre vão falar coisas desagradáveis sobre qualquer coisa e pessoa. Quando você for o alvo, entre o que sua mãe pensa e o que os *haters* pensam, fique perto de sua mãe. Ali existe uma verdadeira fonte de amor.

Yo, meu chapa, às vezes a vida é como um jogo de xadrez, e você precisa se mover com sabedoria para chegar ao seu objetivo final. Mas, se você estiver sempre jogando com as mesmas pessoas, no mesmo lugar, pode ser que sua estratégia fique previsível e suas habilidades estagnem. É importante lembrar que a criatividade floresce quando há mudanças e diversidade. Por isso, não tenha medo de se desafiar, sair da sua zona de conforto e buscar novos círculos. Talvez você encontre pessoas com pontos de vista diferentes, novas ideias e uma visão de mundo que possa te inspirar a novos patamares de criatividade e crescimento pessoal. Lembre-se, a vida é curta demais para ficar preso em círculos que não te fazem crescer.

Tenta ficar esperto com quem se aproxima. A moda é usar e cair fora. Tem gente que curte, tem gente que não. De qualquer forma, fique esperto. Na maioria dos casos, você vai ver gente falando uma parada numa direção, com atitudes que vão no sentido oposto. Fora o bonde formado por especialistas em arrumar desculpas para problemas que ignoram.

Quando resolver se meter em alguma encrenca, assuma a responsabilidade pelos seus atos. É sempre bom manter a postura e a dignidade. Pagar o preço por algum vacilo faz parte. Quem nunca?

Se você deseja algo que nunca teve, precisa estar pronto para fazer algo que nunca fez.

É importante reavaliar suas amizades, principalmente se os seus amigos só estão lá quando você está doidão ou se divertindo. O que também vale para quando você estiver doidão e se divertindo.

Ainda acredito que o pior lugar de todos para se estar é no mesmo lugar de sempre. Então procure se mexer. Tem muitas coisas legais esperando por você. Não duvide disso!

TONY STARK

Tony Stark é um personagem icônico, um dos mais importantes heróis da Marvel, que conquistou uma legião de fãs e admiradores em todo o mundo. Conhecido como o Homem de Ferro, ele se tornou uma figura icônica aclamada no universo das histórias em quadrinhos e do cinema.

A história de Tony Stark começa com um acidente que mudou sua vida para sempre. Como um gênio em tecnologia, ele foi sequestrado por um grupo terrorista e forçado por eles a construir uma arma. Mais esperto, construiu uma armadura que lhe permitiu escapar e lutar contra seus captores. Desde então, Tony Stark foi se transformando no Homem de Ferro, um herói que usa sua inteligência, riqueza e tecnologia para proteger o mundo. Sua personalidade é forte e cativante: ele é crítico, arrogante e confiante, mas também tem um coração enorme e um forte senso de humanidade e responsabilidade.

Ao longo das histórias, Tony Stark enfrentou muitos desafios e perigos. Lutou contra inimigos poderosos, incluindo o Mandarim, Ultron e Thanos. Ele se uniu aos Vingadores para enfrentar ameaças globais e liderou a equipe em muitas ocasiões. Também enfrentou desafios pessoais, como a luta contra o alcoolismo e a morte de amigos próximos, mas Tony Stark sempre manteve sua coragem e determinação. Ele sempre teve a capacidade de se reinventar e se adaptar às mudanças e nunca desistiu de sua missão de proteger o mundo.

No cinema, Robert Downey Jr. deu vida ao personagem de uma forma inesquecível. Sua interpretação excepcional acabou tornando Tony Stark um dos personagens mais amados e reverenciados na cultura pop.

EXISTE ALGUMA ARMA QUE POSSA ME AJUDAR A VENCER A PROCRASTINAÇÃO?

Você está diante de uma tela com uma interface futurística, que exibe um software capaz de simular a personalidade de Tony Stark, o famoso herói conhecido como Homem de Ferro. A fidelidade aos detalhes é impressionante: o modo como ele fala, suas expressões faciais, tudo parece real.

O software foi desenvolvido como um jogo de aventura, mas permite conversas com a inteligência artificial que simula a personalidade de Tony. Ele está sentado em sua cadeira de alta tecnologia, com uma postura excêntrica, mas, assim que percebe a sua presença, ele se aproxima com um sorriso no rosto e diz um animado "olá". Vocês começam a conversar, e Tony responde prontamente à sua pergunta, como se estivesse realmente ali.

Bem, bem, bem, olhe só quem temos aqui, alguém que quer vencer a procrastinação. Eu já enfrentei muitos vilões na minha vida, mas a procrastinação é um inimigo cruel e implacável, capaz de destruir mundos e até universos inteiros. Mas não se preocupe, eu sou o Homem de Ferro e vou te dar alguns conselhos para você sair dessa situação.

Primeiro, meu caro, pare de enrolar e comece logo a agir. Se você ficar apenas pensando no que precisa ser feito, nunca vai conseguir realizar nada. Então, aja, crie um plano e siga em frente. Tenha a consciência de que para vencer certos oponentes você terá que dividir a missão em fases. Para salvar o mundo em diversas ocasiões, eu tive que fazer isso, com ou sem os Vingadores. O que quero dizer é que talvez, para ser bem-sucedido na batalha contra a procrastinação, seja interessante fragmentar as atividades que você precisa cumprir.

Diante disso, outra coisa que precisa ser trabalhada urgentemente é a definição de suas prioridades. "Nós criamos nossos próprios demônios", lembra-se disso? Você precisa definir o que é mais importante e atuar em cima disso. Não perca tempo com coisas que não vão te levar a lugar algum.

O procrastinador habitualmente é uma pessoa que se deixa capturar por qualquer ruído ou aleatoriedade. Então, a forma para reverter essa tendência é se concentrar em seus objetivos e eliminar todas as distrações. Combinado? Destrua todas! "Não me faça perder meu tempo com idiotices", já ouviu isso? Livre-se de tudo que possa te desviar da sua missão, como notificações de redes sociais, conversas inúteis e qualquer outro tipo de futilidade. Foque o que precisa ser feito. Ponto!

Tente se manter sempre motivado. Heróis como eu e você não devem desistir facilmente de nada. Nosso futuro e o das pessoas que amamos dependem muito disso. Portanto, seja criativo e resiliente e busque maneiras de tornar a tarefa mais interessante. Isso vai fazer com que sua mente esteja ocupada e ativa.

Tem mais: não se dê ao "luxo" de perder. E quando falo perder, não quero dizer levar alguns golpes; eu me refiro ao contexto em que não entregamos o nosso melhor. É algo que sempre carreguei comigo e nunca pensei em negociar, independentemente da ameaça que estivesse diante de mim. O fato é que "eu não sou o cara que cai do céu", já disse isso antes, e você também não é. Você precisa perseverar e continuar tentando, mesmo que falhe algumas vezes. A vida é uma batalha constante, então não se entregue, não recue, não ceda!

Sim, outra coisa muito importante, lembre-se: "Com grandes poderes, vêm grandes responsabilidades". Você tem o poder de mudar sua vida e vencer a procrastinação, agora é hora de assumir essa responsabilidade!

CLARICE LISPECTOR

Clarice Lispector nasceu em Tchetchelnik, na Ucrânia, em 1920, mas cresceu em Maceió, Alagoas. Foi uma escritora cuja obra é considerada uma das mais importantes e influentes da literatura brasileira. Com uma escrita poética, introspectiva e repleta de simbolismos, Clarice criou personagens memoráveis e histórias enigmáticas que desafiam a compreensão e a imaginação do leitor. Aqui estão algumas razões pelas quais sua vida e obra são tão criativas e inspiradoras.

A hora da estrela é provavelmente sua obra mais conhecida e aclamada. Esse livro é uma reflexão profunda sobre a vida, a morte e o sentido da existência. Através da voz da narradora, Macabéa, Clarice desafia o leitor a questionar suas próprias crenças e a enfrentar a complexidade da vida.

A paixão segundo G. H. é outra obra notável de Clarice. Com um estilo reflexivo e impactante, esse livro explora as questões filosóficas e existenciais da vida através da narrativa de uma mulher que descobre uma crisália no armário de seu quarto. A jornada da personagem para compreender a natureza da crisália é uma metáfora poderosa da busca humana pelo significado da vida.

Além de suas obras, Clarice também é conhecida por sua escrita absolutamente peculiar e inteligente. Seu uso de linguagem e imagens enigmáticas cria uma atmosfera intensa e introspectiva que permite ao leitor mergulhar profundamente em suas visões e seus sentimentos a respeito da vida.

A importância e a genialidade de Clarice Lispector estão em sua habilidade de desafiar o leitor a se manter consciente e crítico diante do que quer que seja.

NÃO SEI COMO LIDAR COM A MINHA INSEGURANÇA. O QUE SERÁ QUE POSSO FAZER?

Você caminha calmamente pelas ruas da cidade, apreciando o ar fresco da noite e a tranquilidade do ambiente. Ao chegar ao café, sente o aroma e ouve o som suave do piano ao fundo. Olhando ao redor, nota que o local está cheio, algumas pessoas conversando animadamente, outras concentradas em seus livros e laptops.

Mas é ao olhar para uma mesa próxima ao piano que seus olhos se iluminam: é Clarice Lispector sentada lá. Ela tem um semblante sério, mas ao mesmo tempo sensível, com um olhar penetrante que parece atravessar a alma. Ao se aproximar dela, o feedback é um olá tímido. Ela atende com atenção, mas ainda com aquela postura séria. Então você decide iniciar um papo, e logo a escritora começa a expressar seus pensamentos de forma profunda e inspiradora, como só Clarice Lispector sabe fazer.

Não tenha medo de se expressar, de mergulhar na própria intensidade e de se deparar com a desordem natural das coisas, mas também não se prive de fugir da realidade, se for o caso e se sentir necessidade. Carregamos certas contradições – como ser tímida e ousada ao mesmo tempo, que é o meu caso –, e isso não precisa ser assustador.

Com certa frequência, será inevitável perceber e ter que lidar com os hiatos que a vida proporciona. Lacunas temporais, existenciais e até passionais. Mas nada que seja desesperador.

"Renda-se, como eu me rendi. Mergulhe no que você não conhece como eu mergulhei. Não se preocupe em entender, viver ultrapassa qualquer entendimento."

Evite ser refém de várias responsabilidades e obrigações. Caso contrário, acabará caindo numa impiedosa armadilha e viverá sufocado. Faça de sua liberdade um bem inegociável.

Pense no quanto é essencial que você se aceite e se ame como é. Costumo pensar que eu sou antes, durante e depois de mim. Isso significa que você é uma pessoa única e especial, com suas próprias qualidades e defeitos, e que não precisa se comparar a ninguém. Aprenda a se amar e a se valorizar e verá que a insegurança diminuirá.

A insegurança também pode ser superada quando não se permite que o medo de errar domine a mente. Prefiro pensar que errar é algo humano, e sentir-se inferior por causa disso é opcional. Não deixe que um erro te derrube, pois ele faz parte do processo de aprendizado e evolução. Não tenha medo de experimentar coisas novas e de correr riscos, pois é assim que se pode crescer e se desenvolver.

Confie em si mesmo e aprenda a não depender excessivamente dos outros. Tenha em mente que, quando você se acostuma com algo, é porque está se conformando. Não se acomode ao derrotismo e acredite em sua capacidade de superar desafios. Lembre-se de que errar faz parte do processo de aprendizagem e que você tem habilidades e capacidades únicas. Confie em si mesmo e verá que é capaz de alcançar tudo o que deseja.

Não se engane. A vida é uma jornada de descobertas e aprendizados, e cada momento é uma oportunidade para amadurecer. Não se preocupe com o futuro, viva o presente e desfrute de cada momento. Não se cale diante dos desafios e das adversidades, mas enfrente-os com coragem e determinação.

ANGELA DAVIS

Angela Davis é uma mulher que, através de sua voz poderosa e sua presença inabalável, se tornou uma das líderes mais importantes do movimento pelos direitos civis dos negros nos Estados Unidos e no mundo. Angela é uma ativista pela igualdade e liberdade que dedicou sua vida à luta contra a opressão e a discriminação.

Sua trajetória é impressionante. Nasceu em 1944, no estado do Alabama, nos Estados Unidos da América, e, desde sua juventude, sempre se posicionou firmemente na luta contra o racismo e machismo e em defesa da justiça social. Com seus estudos e pesquisas sobre filosofia, política e história, Angela se tornou uma das líderes mais importantes das ações pela dignidade dos negros e dos presos políticos. Ela enfrentou muitos obstáculos e perseguições, mas sempre manteve sua postura firme e contundente.

A importância social e política de Angela é inegável. É uma líder carismática, que motiva as pessoas a lutarem por suas crenças e ideais. Angela também se destaca em discussões, pesquisas e debates acerca de questões de gênero e classe social e tem sido uma defensora incansável dos direitos humanos em todo o mundo. Ela é uma figura respeitada e admirada, cuja influência é sentida em muitos aspectos da sociedade e da política.

Angela Davis pode ser considerada uma heroína da vida real, com uma trajetória de luta por uma sociedade mais justa e igualitária.

É uma referência para as pessoas que buscam mudar o mundo e torná-lo um lugar melhor. A obra e a vida de Angela são um testemunho de coragem, determinação e amor à liberdade.

> **SEMPRE FUI ALVO DE PRECONCEITO E BULLYING. SÃO MUITAS FERIDAS E ANGÚSTIAS PARA LIDAR. NÃO SEI SE TENHO FORÇA SUFICIENTE PARA ISSO. PODE ME AJUDAR?**

Você caminha pelo centro de convenções onde ocorre um evento sobre diversidade cultural e movimentos sociais. O ambiente é animado e repleto de pessoas interessadas em aprender e trocar ideias. Ao chegar ao auditório, se depara com a ilustre presença de Angela Davis, rodeada por alguns estudantes.

Ela tem uma postura tranquila e um jeito alegre. Ao chegar perto para cumprimentá-la, ela prontamente recebe seu olá com um sorriso caloroso. Você então lhe faz uma pergunta, e Angela presta atenção e demonstra empatia em sua resposta. Vocês iniciam uma boa conversa, e a filósofa não hesita em compartilhar seus pensamentos de maneira clara e profunda.

Quando tentarem te ferir em nome da igualdade, esteja certo de que isso não é igualdade. Quando tentarem te inferiorizar em nome da justiça, saiba que a injustiça está em cena. Quando tentarem te atacar em nome da liberdade, entenda que estão tentando te colocar numa prisão.

Não serão poucos os que vão tentar calar a sua voz e descredibilizar suas ações, mas isso não significa que você estará derrotado. Na verdade, isso tudo deixará claro o quanto é importante se levantar, ter coragem e lutar.

A opressão utiliza muitos disfarces. Seu discurso é sofisticado e bastante sedutor, tanto que muitos daqueles que são atingidos por sua crueldade agem como defensores da injustiça. Isso mesmo! Injustiçados que militam em prol da injustiça. Faça um favor a si mesmo: não seja um deles.

"Você tem que agir como se fosse possível transformar radicalmente o mundo. E você tem que fazer isso o tempo todo."

Uma vida honesta exige uma conduta de oposição à desonestidade. Assim como só seremos capazes de mudar alguma coisa lá fora, quando estamos dispostos a viver o processo de revolução interna.

A vida me ensinou, de forma muito dolorosa, que é preciso aprender a desaprender quem nos ensinaram a ser.

"Não aceito mais as coisas que não posso mudar, estou mudando as coisas que não posso aceitar."

A primeira pessoa que te deve respeito e valorização é você mesmo. Carrego comigo a ideia de que, enquanto houver mulheres sendo oprimidas, minha liberdade estará incompleta, mesmo que eu não sinta as correntes delas. Isso significa que todas as pessoas merecem respeito e dignidade, independentemente de cor, gênero, orientação sexual, religião ou qualquer outra característica. Não deixe que o preconceito dos outros afete sua autoestima e sua autoconfiança. Você é uma pessoa valiosa e importante, que merece ser tratada com respeito e dignidade.

Se a situação estiver muito, mas muito pesada mesmo, você pode contar com o apoio daqueles que te amam e te respeitam. Como sempre digo, "a política não se situa no polo oposto ao de nossa vida. Desejemos ou não, ela permeia nossa existência, insinuando-se nos espaços mais íntimos". Não tenha medo de falar sobre o que está acontecendo com você com seus amigos, familiares e pessoas em quem você confia. Eles podem te ajudar a lidar com as emoções que estão surgindo e a encontrar soluções para a situação; no mínimo, serão sua melhor rede de apoio.

"Precisamos nos esforçar para 'erguer-nos enquanto subimos'. Em outras palavras, devemos subir de modo a garantir que todas as nossas irmãs, irmãos, subam conosco."

Mas, independentemente das circunstâncias, não se cale diante do preconceito e do bullying. Não é apenas uma questão de diversidade, mas sim de equidade e justiça. Não tenha medo de denunciar o que está acontecendo, seja para as autoridades, para a escola, para seus pais ou para quem mais possa te ajudar. O silêncio só alimenta o preconceito, e é preciso enfrentá-lo de frente para que as coisas mudem.

Do fundo do meu coração, eu acredito que você é uma pessoa forte e corajosa, capaz de superar qualquer desafio. Reforço aqui que jamais estará sozinho nessa.

"Não acredito que seja saudável escolher uma luta e dizer que é mais importante do que outra, mas sim reconhecer como as diferentes lutas se conectam."

Você faz parte de uma luta maior por igualdade e justiça, e é importante que se posicione e lute por seus direitos. Não deixe que o preconceito e o bullying te definam ou te limitem. Você é capaz de ser quem quiser e de conquistar o que sempre sonhou.

GONZAGUINHA

Gonzaguinha foi um músico e compositor brasileiro que encantou a todos com sua arte, poesia e sensibilidade. Com sua voz doce e letras profundas, ele transmitiu mensagens de amor, esperança e superação a um país inteiro.

Nascido em 1945, no Rio de Janeiro, Gonzaguinha começou a carreira musical ainda jovem, com um talento natural para compor. Em pouco tempo, ele já tinha suas músicas gravadas por grandes nomes da MPB, como Elis Regina e Gal Costa.

Mas foi com sua obra solo que Gonzaguinha alcançou o sucesso. Com suas letras simples e diretas, ele abordou temas variados, desde o amor às lutas sociais, passando por questões políticas e filosóficas.

Suas músicas, como "O que é, o que é?", "Sangrando" e "Explode coração", fizeram história na MPB e ainda hoje são lembradas com carinho pelos fãs. Além disso, Gonzaguinha também foi um defensor dos direitos humanos e da justiça social, sempre usando sua voz e sua arte para lutar por causas importantes.

Infelizmente, Gonzaguinha faleceu cedo, aos 45 anos, mas seu legado permanece até hoje. Sendo apreciado, reverenciado e servindo de referência para artistas e apaixonados pela vida. Gonzaguinha deixou uma marca indelével na história da MPB e seu exemplo de dedicação e paixão pela música é uma memorável lição para todos. Que possamos continuar a sorrir e sonhar embalados por suas canções.

ACHO QUE PERDI A FÉ NA VIDA E NÃO ENCONTRO MAIS ALEGRIA. PODERIA ME AJUDAR DE ALGUMA FORMA?

Você caminha pelo centro cultural, ouvindo as diversas manifestações artísticas que ecoam pelos corredores. Os poemas recitados pelos poetas, as melodias da música ao vivo, a animação da multidão. A energia que envolve todos é palpável, e você sente uma forte vibração de entusiasmo e emoção. Ao chegar ao anfiteatro, é recebido pelo som do samba, que faz seus pés balançarem involuntariamente.

Passeando pelo espaço, acaba encontrando Gonzaguinha, cuja personalidade contagiante e alegre não passa despercebida. Ao se aproximar para cumprimentá-lo, você se sente acolhido por sua aura amigável. Depois de apresentar sua pergunta, o artista demonstra grande atenção e educação, engajando-se em um papo inspirador que traz novas perspectivas.

Ei, vem cá! A vida é mesmo uma jornada cheia de altos e baixos, mas é importante que você encontre seu próprio ritmo e caminho e encare as coisas com mais leveza, independentemente das ladeiras e pedras que acabar encontrando pela frente. Tudo isso faz parte da história de cada um. Tanto os nós quanto a forma de desatar cada um, embora alguns acabem permanecendo cegos. Mas garanto que, ainda assim, é possível resgatar o encanto.

Bem sei como é complicado olhar para as flores em busca das cores e só enxergar o tom pesado do cinza. A gente fica deslocado mesmo, tentando dançar sem música, voar sem asas. Todavia, esses contratempos são apenas provas que fortalecem nosso caráter e nos ajudam a crescer.

Eu encontrei na música e na minha fé uma forma de reencontrar a alegria e superar as dificuldades. Converse com o seu coração, meu amigo; em algum momento, ele vai revelar seu propósito, o que te faz bem, o que vai alimentar seu sorriso. Dedique-se a isso com paixão.

Quando alma, coração e mente estão em sintonia, inevitavelmente passamos a irradiar coisas boas. Desse modo, elas passam pelo nosso ser, até transbordar.

Outro conselho pontual: busque pessoas que te inspirem e te ajudem a enxergar o melhor na vida. Certamente existe amor perto de você. O problema é que, quando estamos para baixo, a gente passa a fugir das mãos estendidas que nos oferecem ajuda. Não faça isso! Abrace, permita-se ser abraçado. Chore, grite; quem te quer bem vai te acolher.

Fique ligado que a vida é feita de escolhas. Você pode escolher ficar preso ao passado ou seguir em frente, com coragem e sede de mudança. Escolha sempre ser feliz, escolha sempre o lado poético da vida.

Não importa o quanto as coisas pareçam insuportáveis, sempre haverá uma luz no fim do túnel, sempre haverá uma nova perspectiva e uma nova oportunidade. Tenha fé na vida e na sua capacidade de superar qualquer desafio. O momento agora é de erguer a cabeça e seguir em frente, confiante e mais corajoso do que nunca.

A vida é linda, solo sempre fértil para novos sonhos. É hora de redescobrir a sua luz. Vamos juntos?

"Eu fico com a pureza da resposta das crianças. É a vida, é bonita e é bonita. Viver e não ter a vergonha de ser feliz. Cantar e cantar e cantar a beleza de ser um eterno aprendiz. Ah, meu Deus! Eu sei que a vida devia ser bem melhor e será! Mas isso não impede que eu repita: é bonita, é bonita e é bonita!"

ARIANO SUASSUNA

Ariano Suassuna é uma lenda da literatura brasileira, conhecido por sua genialidade, sua criatividade e seu espírito alegre. Ele é considerado um dos mais importantes dramaturgos e escritores brasileiros, cujas obras são um rico reflexo da cultura e da história do Brasil.

Nasceu em João Pessoa, Paraíba, em 1927, e começou sua carreira literária aos 20 anos, escrevendo peças teatrais que retratavam a vida e as tradições nordestinas. Ele se notabilizou pela habilidade única de combinar humor e crítica social, criando obras ao mesmo tempo divertidas e profundas.

Depois de estudar Direito no Recife, fundou o Movimento Armorial, junto com outros estudantes, em uma tentativa de valorizar a cultura erudita nordestina, utilizando elementos populares como a literatura de cordel e a música de bandas de pífano. O movimento influenciou profundamente a cultura local e transformou Suassuna em um dos mais importantes ícones nordestinos.

Uma das obras mais famosas de Suassuna é a peça *O auto da Compadecida*, que satiriza a sociedade brasileira e retrata a vida rural no Nordeste. A peça é uma homenagem ao teatro popular brasileiro e é considerada um marco da literatura nacional. Além dessa, Suassuna escreveu outras peças importantes, como *O santo e a porca* e *O rico avarento*, que continuam a ser apresentadas e admiradas até hoje.

É até complicado detalhar o tamanho de Ariano Suassuna para a literatura brasileira, pois é imensurável. Ele também é lembrado por sua atuação enquanto "ativista" da cultura popular e por sua habilidade para compor e ministrar aulas épicas; e de fato sua obra é uma testemunha da criatividade, do brilhantismo e da imaginação do povo brasileiro. Além disso, ele é considerado um dos precursores da chamada "literatura nordestina", uma literatura regionalista que retrata a vida e as tradições do Nordeste do nosso país.

É IMPORTANTE MESMO SABER SOBRE MINHA ORIGEM E MINHAS RAÍZES CULTURAIS?

Enquanto caminha pelo Paço do Frevo, na cidade do Recife, capital de Pernambuco, você sente a animação do local, com pessoas de todas as idades se divertindo e aprendendo sobre a cultura dali. Ao tomar um cafezinho, você percebe a presença de um senhor de olhar atento e sorriso cativante, que logo identifica como Ariano Suassuna.

Com um jeito irreverente e contagiante, ele te cumprimenta e demonstra interesse em saber mais sobre sua visita. Após uma breve conversa, você aproveita para fazer uma pergunta, e Ariano responde com muita educação e sensibilidade, mostrando-se um verdadeiro conhecedor da cultura nordestina. Logo ele começa a expressar seus pensamentos, e você se sente envolvido pela sua eloquência e sabedoria.

Nem tudo tem a ver com progresso, com ser melhor do que já se foi um dia. Eu deixo o progresso para as ferramentas, para os objetos. Gente, ser, indivíduo: amadurece. Desde que se empenhe. Até porque, para boa parte das coisas desta vida, o que vale mesmo é a maneira própria de sentir, compreender e falar. No fim das contas, o que quero dizer é que não somos superiores, nem inferiores, levando em conta que somos iguais. Mas uma coisa é certa: precisamos ser aprendizes. O aprendiz não é soberbo, é humilde. Não pisa nos outros, é solidário. Não humilha, dignifica. Não passa a perna, estende a mão. Não fecha as mãos, compartilha. Não quer ser melhor do que ninguém, só quer ser e está bom demais.

Sempre gostei de contar histórias, mesmo não tendo tantas histórias assim para contar. De vez em quando, me pego repetindo certas narrativas, mas isso ocorre por um bom motivo. É que certos episódios, experiências e até leituras podem deixar marcas na gente. Por isso, eu digo: conte suas histórias, sinta orgulho da bagagem que você carrega. Se você está aí, onde quer que esteja e quem quer que você seja, isso tudo só é real porque você tem uma história. Umas páginas tristes ali, outras alegres acolá. Trechos com despedidas dolorosas. Capítulos com aquela aura esperançosa. Com tudo isso e inúmeras particularidades, sinta orgulho da sua história.

"O otimista é um tolo. O pessimista, um chato. Bom mesmo é ser um realista esperançoso."

Já fiz muitas coisas nesta vida. Já fui até advogado e falo isso com respeito. É que, na minha época, só podíamos optar por uma dessas três carreiras: médico, advogado ou engenheiro. Quem era bom de cálculo ia ser engenheiro. O que não era o meu caso, pois se eu fizesse dez cálculos teria dez resultados errados. Quem gostava de abrir barriga de lagartixa ia ser médico. Nunca gostei. E quem não dava para nada ia fazer direito. O que era o meu caso. Mas atualmente são tantas opções e tantas possibilidades. Você é bom em alguma coisa. Nem que seja em bater lata, fazer cuscuz ou cantar no chuveiro. Descubra sua vocação e seja feliz com isso.

Eu sei que você tem passado por um momento em que pode estar se sentindo perdido em relação à sua identidade cultural, mas quero que saiba que, independentemente de onde você veio, sua origem e cultura são extremamente valiosas e importantes para que sua caminhada faça sentido. Eu verdadeiramente acredito que a cultura popular é a manifestação mais autêntica e criativa da nossa sociedade. Isso significa que as tradições e os valores que vêm de seu passado e de sua família são um tesouro a ser compartilhado com o mundo.

Não deixe que a influência da cultura alheia o faça esquecer-se de suas raízes. É importante que você se orgulhe de quem você é e de onde veio. Sempre sustentei que a cultura popular é a energia motriz que impulsiona os artistas, o que implica que suas vivências culturais podem ser uma fonte abundante de inspiração e inovação.

Lembre-se também de que a cultura é dinâmica e está em constante mudança. É até simples, porque a cultura popular é como uma flor que nunca perde a sua vitalidade. Isso significa que suas tradições e seus valores podem se adaptar e evoluir ao longo do tempo, mantendo-se sempre relevantes e significativos para as gerações futuras.

Essa conversa todinha é para que você saiba que a cultura popular é uma parte essencial de nossa identidade como seres humanos. Lembrando que a cultura popular é a marca de um povo. Não deixe que nada apague sua essência cultural, pois isso diz muito sobre quem você é, podendo servir de base para que descubra aonde realmente quer ir.

CAROLINA MARIA DE JESUS

Carolina Maria de Jesus foi uma escritora brasileira, autora do livro *Quarto de despejo*, de 1960, que descreve sua vida como catadora de papel na favela do Canindé, em São Paulo. Ela nasceu em Sacramento, Minas Gerais, em 1914, e se mudou para São Paulo em busca de melhores condições de vida. No entanto, enfrentou a pobreza e a discriminação racial em sua vida adulta. Mesmo assim, Carolina encontrou na escrita uma forma de expressar suas opiniões sobre a sociedade e de denunciar as injustiças sociais.

Quarto de despejo tornou-se um livro de referência na literatura brasileira e internacional, sendo traduzido para diversos idiomas e tendo uma grande influência na luta contra a pobreza e a desigualdade social. Além disso, a obra de Carolina é considerada um relato valioso da vida de uma mulher negra e pobre no Brasil, oferecendo uma visão única e importante da história do país.

Uma curiosidade interessante sobre sua vida é que ela escrevia em cadernos que encontrava no lixo e muitas vezes precisava apagar e reescrever várias vezes as mesmas páginas para economizar papel. Além disso, após o sucesso de seu livro, ela recebeu diversas críticas por sua falta de formação acadêmica e foi alvo de preconceito por parte de intelectuais da época.

Carolina Maria de Jesus é uma figura importante da literatura brasileira e um exemplo de coragem e determinação. Ela deixou um legado de luta pelos direitos humanos e sociais, e sua obra continua sendo relevante até hoje, inspirando novas gerações a lutar por uma sociedade mais justa.

NÃO SEI SE TENHO FORÇA SUFICIENTE DENTRO DE MIM PARA ENCARAR TUDO O QUE TENHO PELA FRENTE. ONDE ENCONTRAR MAIS CORAGEM?

Você está caminhando por uma livraria no centro da cidade, encantado com a arquitetura do lugar e a atmosfera acolhedora. Há muitos visitantes passeando entre as estantes de livros, mas sua atenção é capturada por uma figura sentada em uma das poltronas, lendo com tranquilidade. É Carolina Maria de Jesus, uma das escritoras mais importantes da literatura brasileira. Ela parece simples e forte ao mesmo tempo, e você se aproxima dela com cautela, respeitando seu momento de leitura. Quando finalmente decide cumprimentá-la, é atendido com muita humildade e atenção. Logo ela começa a expressar seus pensamentos.

Sei que às vezes a vida pode parecer dura e desafiadora e que é difícil encontrar a coragem para seguir em frente, mas eu quero dizer que você pode ser muito mais forte e resiliente do que pensa. Sim, outra coisa: a coragem está dentro de você.

Sempre disse para mim mesma que é necessário ter resiliência, já que a vida pode ser impiedosa. Difícil, mas não devemos nos deixar abater, nem recuar em nome das dificuldades. Temos que enfrentá-las de cabeça erguida e com determinação.

"Ah, comigo o mundo vai modificar-se. Não gosto do mundo como ele é."

A coragem é uma virtude que floresce a partir do nosso interior, quando decidimos enfrentar de frente nossos medos e inseguranças. Não tenha medo de arriscar, de se desafiar e de cair. Saiba que, assim como a pedra, a vida pode ser dura e imprevisível, mas cabe a nós decidir se a utilizaremos para construir algo sólido ou se a deixaremos ser apenas mais um obstáculo em nosso caminho. Ou seja, não importa o quão difícil possa parecer, você tem a capacidade de se reerguer e tentar quantas vezes forem necessárias.

É preciso ter consciência de que você não está sozinho. Existem pessoas ao seu redor que te querem bem e se preocupam com você. Junte-se a pessoas que possam te encorajar e que compartilhem de seus valores e objetivos; desse modo, juntos, vocês podem alcançar grandes coisas.

Quero que saiba que a coragem é uma qualidade que se desenvolve com a prática. Vá deixando a teoria de lado e tome novas atitudes. Não tenha medo de cometer erros, pois é através deles que aprendemos e crescemos. É aquela coisa: quem teme o fracasso não entende o verdadeiro significado da vitória. O importante é continuar tentando e nunca desistir.

"A vida é igual a um livro. Só depois de ter lido é que sabemos como encerra."

DOUTOR MANHATTAN

Doutor Manhattan é um dos personagens mais fascinantes da ficção científica. Ele é um ser humano que foi transformado em um deus, com poderes quase ilimitados e uma compreensão profunda da natureza e da realidade.

A história de Doutor Manhattan começa com um jovem chamado Jon Osterman, que era um cientista brilhante e trabalhava em uma usina nuclear. Durante um acidente, ele ficou preso dentro de um acelerador de partículas e sua matéria foi dissociada em uma série de átomos. Miraculosamente, ele reconstituiu seu corpo e adquiriu poderes incríveis, como a capacidade de controlar a matéria, ver o passado e o futuro e viajar no tempo.

Doutor Manhattan é um ser poderoso, pois tem uma visão de mundo única e sofisticada, baseada na compreensão profunda da natureza da realidade e do tempo. Ele vê a vida como uma corrente ininterrupta de eventos e acredita que não há tais coisas como escolhas individuais ou acaso. Em vez disso, ele acredita que todas as coisas são predeterminadas e que o futuro é fixo.

No entanto, mesmo com sua compreensão avançada da realidade, Doutor Manhattan ainda é uma criatura solitária, e sua habilidade de ver o futuro o torna desconectado da vida humana. Ele é frequentemente retratado como um ser alheio, que não tem empatia ou compaixão pelos humanos e seus problemas.

A importância de Doutor Manhattan para a ficção científica e a cultura popular é imensurável. Ele é um personagem introspectivo e profundo, que desafia nossas noções sobre a natureza da realidade e do tempo, e nos faz refletir sobre questões filosóficas profundas. Além disso, sua personalidade e suas habilidades o tornam um dos personagens mais icônicos e interessantes da ficção.

Em resumo, Doutor Manhattan é uma figura notável e enigmática, cuja história, importância e poderes são inesquecíveis. Seu legado e sua influência continuam a ser sentidos hoje, e sua presença é uma testemunha da imaginação e criatividade da ficção científica.

NÃO TENHO MUITOS AMIGOS E SINTO MUITO MEDO DE FICAR SOZINHO. EXISTE ALGUMA MANEIRA EFICIENTE DE ENCARAR ESSE SENTIMENTO?

Enquanto você joga seu videogame de super-heróis, sua atenção é capturada pela presença do Doutor Manhattan, um dos personagens do jogo. Sua interface é impressionante, com um corpo brilhante e azul e uma expressão séria. A arquitetura do cenário ao redor é deslumbrante, parecendo um mundo realista de super-heróis. Você observa outros jogadores *on-line*, enquanto se aproxima de Doutor Manhattan para cumprimentá-lo. Ele responde com calma e introspecção, transmitindo uma sensação de sabedoria. Quando você faz a pergunta, ele reflete por um momento e, em seguida, começa a compartilhar seus pensamentos.

Vejo agora uma pessoa solitária em busca de conselho, em busca de conexão com o mundo. Eu sou o Doutor Manhattan e, como alguém que já passou por uma jornada de solidão, tenho algumas reflexões para compartilhar com você.

"*Eu sou apenas um fantoche que pode ver as cordas.*"

A solidão pode ser uma passagem difícil, mas também pode ser transformadora. Através dela, temos a oportunidade de entender quem somos, descobrir nossos próprios pensamentos e sentimentos, nossos medos e desejos mais profundos. Podemos nos encontrar novamente e, com essa nova descoberta, começar a criar as conexões que desejamos.

Mas como criar essas conexões? Como encontrar amigos? A resposta não é simples, pois todos temos caminhos diferentes a seguir. No entanto, o que posso lhe dizer é que a verdadeira amizade não é algo que pode ser forçado. Ela deve vir de forma natural, a partir de uma verdadeira troca de interesses e perspectivas, e isso pode levar tempo.

"Nada é insolúvel. Nada é desesperador. Não enquanto houver vida."

Enquanto isso, aproveite esse momento para descobrir novos interesses, para explorar novos lugares, para fazer coisas que lhe trazem alegria. Encontre em você mesmo a paz que procura, a satisfação em sua própria companhia. A partir disso, você poderá atrair pessoas com interesses similares, que valorizam a autenticidade e a positividade.

Não tenha medo de ser quem você é, de expressar seus pensamentos e sentimentos. Aqueles que verdadeiramente se importam com você, aqueles que desejam estar em sua vida, vão aceitá-lo como você é.

A solidão não precisa ser permanente e, mesmo quando as coisas parecem impossíveis, o destino é algo que já está traçado e não há nada que possamos fazer para mudá-lo. Mas, quando descobrimos o nosso propósito e aceitamos o nosso destino, podemos viver uma vida melhor e mais plena. Não estou falando de mudar o futuro, mas sim de encontrar o caminho certo para alcançar a nossa realização.

Como um ser que transcende o tempo e o espaço, posso lhe dizer que as possibilidades são infinitas e que você pode ser tudo que quiser ser. Então, vá em frente, encontre sua verdadeira essência. Acredite em si mesmo e nunca perca a esperança, pois a verdadeira amizade está sempre ao alcance daqueles que buscam.

OZZY OSBOURNE

Ozzy Osbourne é um nome conhecido em todo o mundo, um ícone da música heavy metal e uma lenda viva do rock. Com uma carreira que se estende por mais de cinco décadas, ele é um dos artistas mais influentes e respeitados da música.

Ozzy nasceu na região de Birmingham, Inglaterra, em 1948, e começou a carreira musical como vocalista do grupo Black Sabbath, uma das bandas mais influentes da história do metal. Com sua voz marcante e presença de palco incansável, Ozzy rapidamente se tornou um dos líderes da cena musical, conduzindo a Black Sabbath ao estrelato e influenciando uma geração inteira de músicos.

Mas foi quando Ozzy decidiu seguir carreira solo que ele alcançou ainda mais projeção, sucesso e reconhecimento. Com uma série de álbuns clássicos, como *Blizzard of Ozz* e *Diary of a Madman*, Ozzy continuou a ser uma força poderosa na música, sempre entregando performances épicas e mensagens marcantes para seus fãs.

Além de sua carreira musical, Ozzy também é conhecido por sua personalidade extrovertida e humor ácido, que o tornam tão querido quanto respeitado. Com sua coragem de ser ele mesmo e sua dedicação à música, ele é um modelo de perseverança e superação, mesmo em meio aos desafios da vida.

A importância de Ozzy para a cultura rock e heavy metal é para lá de absurda. E sua mensagem de liberdade, amor e respeito é incrível.

Que sua música possa ecoar por muito tempo, abalando todas as estruturas possíveis.

ACHO QUE ACABEI PERDENDO O EQUILÍBRIO EM ALGUM MOMENTO, E ISSO ESTÁ AFETANDO TODAS AS RELAÇÕES QUE TENHO. COMO POSSO ME REENCONTRAR? SER EQUILIBRADO TEM A VER COM PERFEIÇÃO?

Você está em um grande festival de rock, a energia é incrível e a multidão está animada. Você pode sentir a vibração da música em suas veias enquanto caminha pelo local. Há pessoas de todas as idades, de todos os cantos do país, todas unidas pelo amor à música.

De repente, você vê uma figura familiar passando pelo *backstage*, Ozzy Osbourne, o lendário vocalista do Black Sabbath. Você se aproxima, um pouco nervoso, mas Ozzy parece animado em conhecê-lo. Você o cumprimenta e faz sua pergunta.

Ozzy responde com um sorriso divertido, lembrando-se de momentos importantes de sua vida.

Olhe só, você já deu o primeiro passo em direção a recuperar seu equilíbrio ao reconhecer que está passando por um momento difícil. Agora, é hora de pensar em como seguir em frente.

Uma coisa que sempre me ajudou foi pensar nas coisas que me fazem feliz e nos meus objetivos. O que te motiva? O que te faz sorrir? Se você tiver dificuldade em responder a essas perguntas, converse com amigos próximos e familiares. Eles podem ter ideias e perspectivas que você nunca considerou.

Se precisar de ajuda para encontrar seu equilíbrio novamente, não tenha medo de buscar ajuda profissional. Às vezes, precisamos de um empurrãozinho para voltar ao caminho certo.

Muitas vezes, queremos ajudar os outros mesmo quando estamos feridos e precisando de socorro, mas é importante ter em mente que o desejo de estender a mão para alguém não deve superar nossa responsabilidade de ajudar a nós mesmos. Afinal, determinados apegos são claramente tóxicos e só revelam algum tipo de problema que temos com a pessoa que estamos nos tornando. No entanto, não acredito em processos irreversíveis. Somos capazes de mudar, sim!

O sistema dirá que você tem que ser e agir de uma determinada maneira e depois te julgará e condenará por isso. Quer ser autêntico e saudável para valer? Desaprenda tudo aquilo que te ensinaram e que acaba machucando você e as pessoas que te cercam.

Não se esforce para convencer alguém a mudar de rota. Isso não passa de puro desperdício de energia, além do fato de estar bancando o papel de idiota. Exercite a habilidade de deixar as pessoas em paz e siga em frente com a sua vida.

"Talvez não seja tarde demais para aprender a amar e esquecer como odiar."

Se você costuma mentir para si mesmo com o propósito de evitar frustração e dor, precisa ter em mente que uma falsa sensação de bem-estar é a mais perigosa ilusão de conforto.

Pensando alto aqui: quanto mais o tempo passa, mais me dou conta de que boa parte das pessoas quer que eu falhe para se sentir melhor.

Posso até parecer a pior pessoa para falar sobre isso, mas posso garantir que sou o mais indicado: quanto mais você beber ou ficar maluco para afastar uma sensação ruim, mais forte ela o atingirá quando o efeito passar.

Ser equilibrado tem a ver com perfeição? Claro que não! Tem tudo a ver com aceitação. Vai por mim: aceite sua individualidade! A melhor coisa é ser fiel a si mesmo. Não tente ser alguém que você não é, nem siga a vida no "modo conveniente". Aprenda a amar suas diferenças e destaque-se por aquilo que te torna único.

Uma coisa bastante importante é não ter medo nenhum de fracassar. Pare um pouco, respire e reconheça que o fracasso é um traço natural da vida – de extrema importância, diga-se de passagem. Certamente alguém já lhe disse e eu estou aqui pronto para reforçar o quanto é necessário não ter medo de tentar e, eventualmente, falhar. Aprenda com suas derrotas e mantenha-se motivado a seguir em frente.

Enxergue o copo meio cheio e mantenha sua esperança viva, mesmo nos momentos difíceis.

Mantenha-se ativo, física e mentalmente, e motivado.

É importante cercar-se de pessoas positivas e apoiadoras. Mantenha-se longe de pessoas tóxicas e rodeado por pessoas que lhe fazem bem.

Lembre-se: a vida é curta e você só tem uma chance de vivê-la. Confie em si mesmo e encontre a felicidade em tudo o que você faz.

RENATO RUSSO

Renato Russo foi um dos artistas mais críticos e criativos da música brasileira. Com sua voz única e letras profundas, ele trouxe para o rock nacional uma nova perspectiva sobre o amor, a vida e as questões sociais que afetam especialmente os jovens.

Renato Russo nasceu em 27 de março de 1960, no Rio de Janeiro, mas logo se mudou para Brasília. Ele ficou famoso como vocalista e líder da banda Legião Urbana, que se tornou um fenômeno no final dos anos 1980 e início dos anos 1990. A banda tinha um estilo pra lá de autêntico, com influências do rock, punk e música popular brasileira, que conquistou o coração de milhões de fãs.

A obra de Renato Russo é repleta de mensagens poéticas, poderosas e profundas. Músicas como "Que país é esse?", "Geração Coca--Cola", "Pais e filhos" e "Faroeste caboclo" são exemplos de letras que abordam temas como a desigualdade social, a luta contra a opressão e a importância da liberdade individual.

Além de suas composições e mensagens inspiradoras propagadas através de suas canções, Renato Russo também foi um ícone da cultura pop brasileira. Sua aparência única, com roupas e maquiagem que desafiavam as convenções sociais, inspirou uma geração de jovens brasileiros a serem autênticos e verdadeiros consigo mesmos.

Embora tenha encontrado sucesso e fama como músico, Renato enfrentou uma série de problemas emocionais e de relacionamentos ao longo de sua vida. Ele lutou contra a depressão, a ansiedade e o abuso de substâncias, além de ter enfrentado dificuldades em seus relacionamentos amorosos.

No entanto, Renato não se rendeu aos problemas e dificuldades que enfrentava. Ele usou a música como uma forma de se expressar e de tentar consertar as coisas. Suas letras eram muitas vezes autobiográficas, refletindo suas próprias lutas pessoais. Ele usava a música para explorar seus sentimentos e compartilhar suas experiências com os fãs.

Infelizmente, a carreira de Renato Russo foi interrompida precocemente em 11 de outubro de 1996, quando ele faleceu em decorrência de complicações relacionadas ao vírus HIV. No entanto, seu legado permanece, e é praticamente impossível falar sobre o jeito brasileiro de fazer rock e não lembrar do Renato e da Legião Urbana.

Renato Russo deixou uma influência que simplesmente transcende a música. Ele conseguiu conectar arte e política, a sonoridade da cultura nacional com elementos estéticos de bandas como The Cure e The Smiths, a juventude e suas próprias vontades.

....

MINHA RELAÇÃO COM OS MEUS PAIS NÃO VAI NADA BEM. MAS EU GOSTARIA MUITO DE MELHORAR AS COISAS ENTRE NÓS. EXISTE ALGUMA FORMA DE CONSERTAR TUDO ISSO?

....

Você entra no pub e percebe que o ambiente é aconchegante, com uma decoração rústica e uma boa música brasileira tocando. As pessoas parecem estar se divertindo e aproveitando a noite. Você decide se sentar ao balcão e pedir sua bebida favorita. Enquanto espera, nota alguém ao seu lado, que parece bastante familiar. É Renato Russo, um dos maiores ícones do rock brasileiro.

Renato está com uma postura intelectual e parece bastante animado, como se estivesse prestes a compartilhar algo importante com alguém. Você se aproxima dele e se apresenta, dizendo que é um grande fã de sua música. Ele sorri e agradece, perguntando se está curtindo a música. Você aproveita a oportunidade e faz sua importante pergunta.

Olá, meu caro amigo. Posso te dizer que eu já estive na sua posição diversas vezes, seja quebrando os laços ou tentando juntar os cacos, sendo amoroso e estúpido, e sei que não é fácil.

Em uma das minhas músicas, cantei "sou uma gota d'água, sou um grão de areia. Você me diz que seus pais não te entendem, mas você não entende seus pais". Essa frase fala sobre a importância de tentar ver as coisas do ponto de vista dos nossos pais. Eles têm uma história e uma vivência diferente da nossa, e entender isso pode ajudar a melhorar a relação.

Parte significativa do problema está justamente nessa dificuldade de virar a chave da empatia e alteridade, mas, enquanto ninguém ceder, insistindo em alimentar o próprio orgulho, sem se colocar no lugar do outro, as coisas só vão piorar.

A comunicação é outro ponto crucial. É preciso ter disposição para falar o que sentimos e ouvir o que os outros têm a dizer. Eu acredito que "disciplina é liberdade, compaixão é fortaleza, ter bondade é ter coragem", como cantei em uma das minhas músicas. Acredite que é possível ter uma conversa sincera com seus pais e tente ser honesto sobre os sentimentos que você carrega, sejam eles agradáveis ou desagradáveis. Isso faz parte da cura.

"Você culpa seus pais por tudo. E isso é absurdo. São crianças como você. O que você vai ser quando você crescer?"

Também é importante lembrar que essa mudança não acontece da noite para o dia. A aproximação com seus pais pode levar tempo, o que requer paciência e generosidade. Provavelmente será necessário deixar de lado alguns ressentimentos e mágoas. Tenha em mente que não se trata de vencer uma discussão, nem de provar definitivamente quem está com a razão. Como eu costumava cantar, "quem um dia irá dizer que existe razão nas coisas feitas pelo coração?". Às vezes, é preciso perdoar e seguir em frente.

"Não preciso de modelos. Não preciso de heróis. Eu tenho meus amigos!"

Com toda essa energia revolucionária da juventude, acabamos sendo inconsequentes, impulsivos e precipitados. Digo isso principalmente porque a gente reclama das imposições feitas pela família, mas tenta remediar isso fazendo nossas própria exigências e imposições. Resultado? Guerra!

O lance é ter a cabeça aberta, não apenas para as ideias que encaixam com nossas demandas, mas tendo em mente que o mundo que formou seu pai e sua mãe não é mais o mesmo. Muitas posições conflitantes na relação entre pais e filhos são provenientes dessa inevitável incompatibilidade. Logo, ninguém melhor do que você para traduzir e explicar dentro de casa como as coisas mudaram lá fora.

Cultivar uma boa relação com seu pai e com a sua mãe é uma das melhores coisas que você pode fazer na vida. Isso se não for a melhor coisa. Se amigos fazem total diferença e conseguem fazer tudo ficar melhor, saiba que seus pais são os amigos mais incríveis que você poderia ter. Mesmo quando as coisas não vão nada bem e a gente se vê na pior, sem ninguém, eles estão lá, chorando com a gente, nos impulsionando a sonhar, lutando contra tudo e contra todos pela nossa felicidade.

TUPAC SHAKUR

Tupac Shakur é considerado um dos maiores artistas de rap de todos os tempos. Sua música e poesia foram profundamente impactantes, e sua arte é extremamente relevante até hoje.

Tupac nasceu em 1971, em Nova York. Começou sua carreira como rapper em 1991 e rapidamente se tornou conhecido por sua habilidade única de misturar poesia e consciência social em suas letras. Ele abordou questões importantes, como a pobreza, a violência urbana e a desigualdade racial, e sua música foi um grito de esperança e motivação para muitos jovens em comunidades marginalizadas.

Uma das principais mensagens de Tupac era a importância da educação e da autoemancipação. Ele acreditava que, através do conhecimento e da compreensão de nossas próprias histórias e culturas, poderíamos superar as barreiras impostas pelo sistema e alcançar nossos sonhos. Essa mensagem é evidente em músicas como "Keep ya head up" e "Changes", nas quais ele incentiva as pessoas a lutarem pelos seus direitos e ideais.

Além de sua mensagem social, Tupac também foi conhecido pela sinceridade e vulnerabilidade em suas letras. Ele falou abertamente sobre sua própria vida, incluindo suas lutas pessoais e sua jornada para encontrar significado e propósito. Sua capacidade de se conectar com seu público através da música foi uma das razões pelas quais ele se tornou tão amado e reverenciado.

Infelizmente, Tupac foi assassinado em 1996, mas seu legado continua muito vivo através de sua música e sua mensagem. Sua música continua a inspirar as novas gerações e sua mensagem de educação e consciência social é tão necessária hoje quanto era há vinte e cinco anos. Sua trajetória é a prova de como a arte pode ser uma força poderosa para o bem e de como uma pessoa pode impactar o mundo através de sua criatividade e de seu talento.

O QUE FAÇO PARA PARAR DE ME DECEPCIONAR COM OS OUTROS E DE ME MACHUCAR COM AS MINHAS EXPECTATIVAS?

Você caminha pela grande praça, onde jovens andam de skate e bicicleta em meio à música alta que vem de um palco montado no centro do local. O clima é de festa e você se sente animado com a energia do lugar. Ao se aproximar do palco, você percebe que haverá uma batalha de rap entre dois artistas locais.

Enquanto observa a multidão que se forma ao redor do palco, você nota uma figura que se destaca: é o lendário 2Pac Shakur, que parece estar tão animado quanto o restante da multidão. Ele está parado em um canto, mas seu olhar está fixo no palco, onde a batalha de rap está prestes a começar.

Você decide se aproximar dele para dar um "oi" e perguntar sua opinião sobre a batalha de rap. Ao se aproximar, você percebe que 2Pac tem uma personalidade forte, mas ao mesmo tempo parece bastante amigável. Ele sorri quando você se apresenta e pergunta o que ele acha do evento. Assim, começa um bom bate-papo.

Todo mundo anda ocupado demais fazendo suas paradas e lutando pela própria sobrevivência para se dar ao luxo de se importar pateticamente com o que você está fazendo com a sua vida. Se alguém de fato parar para ficar de olho no que está rolando contigo, é porque ele não tem nada de interessante para fazer.

É importante que você esteja pronto para dizer "não" quando quiser dizer "não". Porque esse lance de querer agradar a todo mundo vai acabar te colocando em algumas situações desnecessárias.

Quando suas intenções são puras e você decide colocar seu coração na jogada, irmão, você não perde ninguém. As pessoas é que te perdem. Esteja certo disso e mantenha sua paz de espírito.

Ainda sobre pessoas, é bom ficar esperto, porque a verdadeira lealdade só acontece quando você não está lá para ver.

"Eu acredito que tudo o que você faz volta para você. Mas em minha mente sinto que estou fazendo o bem, então me sinto em direção ao paraíso."

Não traia suas emoções, nem tenha medo de nenhuma delas. Sabe do que realmente precisamos? Canalizar essas energias, entendendo melhor nossos limites, dificuldades, virtudes e dons. Eu sei que não é tão simples manter essa atitude, principalmente porque temos diversos olhares e expectativas lançadas sobre nós. Mesmo assim, penso que deve ser um horror viver paranoico e se autossabotando, sem se permitir sentir, expressar e sonhar.

Claro que todo mundo acaba travando batalhas para encontrar as palavras certas, aquelas que são boas o suficiente para traduzir sentimentos, combinadas com o melhor momento. Pensando nisso, costumo deixar meu lado sensível sobressair e seguro a onda do meu lado durão, para filtrar e evitar certos confrontos e ficar numa boa, mas sem fugir de mim mesmo, da minha verdade. Eu nem sempre pensei assim, mas é preciso se dar conta e ter noção de que certos confrontos são muito desnecessários. A real é que são vários testes de ego rolando por toda a parte.

Não acho que faça parte do meu trabalho, assim como não acredito que faça parte do seu, mostrar que nossa atitude não é uma ofensa e que ter o que chamam de "personalidade forte" não se trata de ameaça nenhuma. Mas se alguém surtar e vir para cima, a postura já está a postos. Entendeu?

Uma galera delira que te conhece, sem nunca ter trocado ideia e convivido minimamente com você. Esses não valem a pena e são grandes desperdícios de tempo. A chave só pode ser virada quando alguém se propõe a olhar na tua cara e dialogar com honestidade. É assim que eu penso e é assim que me sinto.

O sistema é insano. São tantas coisas tentando fazer você não se sentir bem consigo mesmo e diversas outras gerando rivalidades inúteis. Por isso, penso que o lance é ir na contramão, sabe? Lutar para fazer todos que estão à nossa volta sentirem-se mais confortáveis com quem são. Com os lugares em que nós vivemos. Para termos orgulho de ser quem somos.

Para minimizar as decepções, procure encarar as pessoas como elas realmente são, ao invés de ficar preso no que você gostaria que elas fossem.

TYLER DURDEN

Tyler Durden é a personificação da rebelião e da liberdade. Esse personagem icônico é a alma do filme *Clube da luta*, dirigido por David Fincher e baseado no livro de Chuck Palahniuk. Tyler é um enigma, um personagem controverso que desafia a compreensão convencional. É a personificação do anseio por liberdade e a luta contra o sistema opressor.

A importância de Tyler em *Clube da luta* é inegável. Ele é o líder da rebelião contra a sociedade padrão, liderando um grupo de homens infelizes e insatisfeitos com suas vidas cotidianas. Tyler representa a mudança, a coragem de enfrentar o sistema e buscar a liberdade pessoal. É um personagem inspirador, que instiga as pessoas a questionarem suas vidas e buscarem algo mais.

As características de Tyler são distintas e marcantes. Ele é carismático, com uma presença forte e envolvente. Tyler é um visionário, que vê além do presente e luta pelo futuro. É também um personagem desafiador, que não tem medo de arriscar e enfrentar o perigo. Ele é impulsivo, mas ao mesmo tempo calculista, sempre buscando maneiras de superar as adversidades.

O impacto de Tyler Durden vai além da tela de cinema. Ele é um símbolo de liberdade, uma personificação da luta contra a opressão. É um personagem que inspira as pessoas a questionarem suas vidas e buscarem algo mais. Tyler Durden é uma lenda, um personagem inesquecível que marcou a história do cinema.

ESTOU COM SÉRIOS PROBLEMAS DE AUTOESTIMA, O QUE ACABA ALIMENTANDO A INSATISFAÇÃO COMIGO MESMO, ALÉM DA INSEGURANÇA. O QUE PRECISO FAZER PARA SAIR DESSA?

Você acabou de assistir ao filme *Clube da luta* e se sente tão envolvido na história que acaba sonhando que está atuando no filme. Você se vê no porão onde Tyler Durden está dando instruções aos membros do Clube da Luta. Você está lá, participando de uma das lutas mais brutais que já viu e, apesar da dor e da exaustão, está empolgado com a adrenalina da luta.

De repente, você se encontra com Tyler Durden no canto do porão. Ele parece provocativo e rebelde, como sempre. Mas há algo diferente em seu olhar, algo que te faz sentir que ele está empolgado com o que você tem a dizer. Você se aproxima dele para dizer um olá e se apresentar, iniciando a conversa com seu questionamento.

Não precisa ficar tão tenso ou preocupado, na boa, estou aqui para te ajudar a superar seus problemas de autoestima e insegurança. Isso é mais comum do que parece, por mais que algumas pessoas tentem esconder. Pois é, tem gente que insiste em bancar o super-herói, mas no fim todo mundo sangra. A primeira coisa que você precisa saber é que a autoestima é uma criação sua. Você tem o poder de construí-la ou destruí-la, tudo depende do que vai escolher fazer.

Faça esta importante reflexão: você não é o seu trabalho, você não é o seu carro, você não é o seu dinheiro, você não é o seu status social. Essa é uma lição fundamental para quem quer construir uma autoestima sólida. Não permita que golpes, por mais duros que sejam, ou coisas externas definam quem você é. Descubra suas paixões, seus valores e suas qualidades, aprenda a se virar com o que tem e empenhe-se em amá-los incondicionalmente.

Muitas vezes, nossas inseguranças não passam de puro medo do fracasso. Mas eu te digo uma coisa, meu amigo: "É somente quando perdemos tudo que somos livres para fazer qualquer coisa". Não tenha medo de falhar. Na verdade, abrace o fracasso como uma oportunidade de aprendizado e crescimento. É quando você se levanta depois de uma queda que você se torna verdadeiramente forte.

Outra coisa importante a lembrar é que a vida é curta demais para gastá-la preocupando-se com o que os outros pensam. "Sabe o que é uma vida perdida? É a de um homem que não viveu do jeito que queria". Não se preocupe em agradar a todos ou em seguir regras e cartilhas impostas pela sociedade. Tome uma boa dose de coragem! Seja autêntico e verdadeiro consigo mesmo, e você atrairá as pessoas certas para perto.

Não se engane: a vida não é fácil, mas ela pode ser incrível. "Tudo o que você ama vai ser tirado de você, então, viva logo". Aproveite cada momento, abrace a jornada e nunca pare de se desafiar a crescer e se tornar a melhor versão de si mesmo.

Então, arregace as mangas, construa sua autoestima, abrace o fracasso, seja você e viva por você ao máximo. "Você não é um belo e único floco de neve. Você é a mesma matéria orgânica em decomposição que todo o mundo", mas isso não significa que você não é especial. Você é único, valioso e poderoso, com cada mínimo detalhe, virtudes e dificuldades.

ZENDAYA

Zendaya é uma atriz, cantora e modelo que tem conquistado cada vez mais espaço na indústria do entretenimento, surgindo como um dos novos ícones da cultura pop. Mesmo muito jovem, ela já tem uma carreira impressionante, repleta de papéis marcantes e produções aclamadas.

Nascida em Oakland, Califórnia, em 1996, Zendaya começou a carreira artística como modelo, aos 8 anos. Com apenas 14 anos, ela fez sua estreia na televisão, na série Shake It Up, do Disney Channel. Foi nessa série que começou a ganhar destaque como atriz e dançarina, ao mesmo tempo, consolidou seu talento como cantora, com o lançamento de músicas como "Swag it out" e "Watch me".

Mas foi em 2019 que Zendaya alcançou um novo patamar em sua carreira, com o papel de Rue Bennett na série Euphoria, da HBO. Sua atuação como uma adolescente viciada em drogas foi elogiada pela crítica e lhe rendeu o prêmio de Melhor Atriz em Série Dramática no Emmy Awards de 2020, tornando-se a mais jovem atriz a conquistar essa categoria.

Além de Euphoria, Zendaya também teve papéis importantes em filmes como *Homem-aranha: de volta ao lar*, interpretando a personagem Michelle Jones, e *Duna*, encarnando o papel de Chani. Também foi a protagonista do filme *Malcolm & Marie*, de 2021, que foi inteiramente filmado durante a pandemia.

Vale ressaltar que a carreira de Zendaya não se resume apenas à atuação e à música. Ela é uma figura importante na luta contra o racismo e o machismo na indústria do entretenimento. Em entrevistas e em suas redes sociais, ela fala abertamente sobre questões sociais e políticas e usa suas plataformas para dar voz a minorias e discutir temas relevantes.

Com sua personalidade forte, talento multifacetado e engajamento social, Zendaya se tornou uma referência para muitos jovens ao redor do mundo. Ela prova que é possível ser bem-sucedido e fazer a diferença sem perder a autenticidade e a essência. E, sem dúvida, sua carreira promete muitas outras conquistas e produções memoráveis.

COMO POSSO CONQUISTAR AUTOACEITAÇÃO SUFICIENTE PARA EVITAR ME ENTREGAR DEMAIS EM RELACIONAMENTOS E SOFRER DE MANEIRA AVASSALADORA?

Você caminha por um grande shopping, onde luzes brilham intensamente. As pessoas se movimentam apressadamente de um lado para o outro, carregando sacolas e olhando as vitrines, mas algo diferente está acontecendo no centro de convenções do cinema. Há um encontro entre artistas e fãs, e você está presente.

Aproximando-se do palco, onde a atriz Zendaya está sentada, sorrindo para a plateia, os fãs fazem perguntas e ela responde com sua personalidade incrível, sempre com uma resposta sagaz e esperta.

Com ansiedade, você aguarda a oportunidade de fazer sua pergunta e, quando finalmente chega, pega o microfone e se apresenta. Encarando-o com um sorriso simpático, Zendaya mostra interesse em suas palavras, fazendo você sentir um frio na barriga.

Ao ser questionada, ela responde com um olhar atento, mostrando que está levando a sério o que foi perguntado.

Entendo que você esteja passando por um momento em que se sente vulnerável para se relacionar. A autoaceitação é algo que leva tempo para ser desenvolvida, mas acredite em mim, é um caminho que vale a pena ser percorrido.

Você já parou para refletir sobre o que te leva a se entregar demais nos relacionamentos? Seria algo relacionado ao medo de ficar sozinho ou de ser rejeitado?

Aprenda a se amar e valorizar suas próprias qualidades, sem depender da aprovação de outras pessoas. Você é único e tem suas próprias características, então, por que não as abraçar?

Agradeça pelas coisas boas que acontecem na sua vida, pelas pessoas que fazem parte dela e até pelos desafios que enfrenta. Isso pode ajudá-lo a mudar a perspectiva e a enxergar o lado positivo das situações.

Busque compreender seus limites e não tenha medo de estabelecer suas próprias fronteiras nos relacionamentos. A autoaceitação é também saber o que você quer e não quer em um relacionamento e ter a coragem de expressar isso. Saiba que você merece ser feliz e que pode alcançar essa felicidade sem se perder em um relacionamento.

Nem toda situação merece uma reação. Já parou para pensar na quantidade de energia que você desperdiçou em situações completamente desnecessárias?

A visão: preserve sua sanidade e tenha em mente que nem todo mundo merece uma resposta sua. Já percebeu quantas vezes você se desgastou em vão com pessoas que não valiam a pena? Em quantas vezes acabou caindo em armadilhas e provocações? Então, segure a onda!

Não permita que sua mente seja contaminada ou devorada pela negatividade dos outros. Liberte-se da raiva! Ela não passa de um castigo que você impõe a si mesmo pelos erros cometidos por gente mal resolvida. Mas você não tem que se punir!

Eleve sua inteligência emocional ao invés de elevar sua voz, eleve sua vibração ao invés de elevar qualquer tipo de frustração. Tenha em mente que o cair precede o levantar e que inverter algumas visões pode valer a pena. Tipo: em alguns casos, perder pode ser ganhar.

"A melhor coisa é perceber que você é quem você é e aprender a lidar com isso. Todo mundo tem características próprias de que não gosta, mas, no fim das contas, são elas que te fazem diferente e te diferenciam de todo o resto do mundo."

Você não precisa machucar ninguém para se curar, também não precisa se machucar para ajudar o outro. Entenda que não é se humilhando que vai conseguir ser respeitado e não é desrespeitando que será admirado. Não é negando o que sente que a gente enche o coração, nem é prudente colocar qualquer um para dentro da nossa vida em nome de uma ilusão.

Saiba que maturidade é paz e que não tem problema desistir de alguém que desistiu de você e te fez duvidar de si mesmo. O fato é que ninguém merece isso. Tente quebrar padrões tóxicos e procure cultivar lucidez para ser menos aparência e mais essência. Siga em frente, sem ressentimentos, deixando que o carma cuide do resto.

Não tem para onde correr quando a gente aprende a lição: ter paz vale mais do que ter razão, ficar em silêncio substitui a discussão e o amor-próprio vira escudo e oração.

"Aprenda a se aceitar e concentre-se em você. Você precisa amar a si mesmo antes de poder amar qualquer outra pessoa."

MAISA

Maisa Silva, nascida em 22 de maio de 2002 em São Bernardo do Campo, São Paulo, é uma das jovens artistas mais influentes do Brasil. Começou sua carreira com apenas 9 anos, como apresentadora infantil no programa Bom Dia & Cia no SBT. Desde então, conquistou o público com seu carisma e sua espontaneidade, tornando-se uma das maiores estrelas da emissora.

Em 2013, Maisa se tornou a pessoa mais jovem a ter um programa próprio na televisão brasileira, que levava seu nome. Em 2015, ela foi contratada pela Netflix para apresentar a versão brasileira do programa Project MC^2, tornando-se também a embaixadora da marca no país.

Além de sua carreira na TV e em serviços de streaming, Maisa também é uma personalidade influente nas redes sociais, com milhões de seguidores no Instagram, Twitter e TikTok. Em 2019, ela lançou seu primeiro livro, *Sinceramente Maisa*, no qual compartilha histórias e lições que aprendeu ao longo de sua vida.

Ao falarmos da multifacetada carreira da apresentadora Maisa, não podemos deixar de mencionar algumas curiosidades que a tornam ainda mais especial. Além de ser a rainha dos memes e uma verdadeira estrela das redes sociais, ela tem um incrível talento para atuar desde muito cedo, provando que sua veia artística é tão brilhante quanto sua personalidade cativante.

Mas sabia que, nos bastidores, ela também se destaca como uma grande estudiosa de literatura e filosofia? Sim, enquanto muitos imaginam que seu mundo se resume aos palcos e holofotes, Maisa surpreende com sua paixão por conhecimento e seu interesse por temas profundos. Afinal, por trás daquela energia contagiante e daquele sorriso encantador, existe uma mente curiosa que busca constantemente expandir seus horizontes. E não para por aí! Maisa também é uma grande defensora das causas sociais, usando sua influência para levantar discussões importantes e promover a inclusão.

O QUE FAZER QUANDO OS OUTROS ME SUBESTIMAM PELA MINHA IDADE?

Você chega ao grande shopping onde acontece o lançamento de novas séries de streaming. A arquitetura moderna do local chama sua atenção, com suas enormes vitrines e luzes vibrantes. Você vê uma grande quantidade de fãs e jornalistas, todos animados para o evento. A movimentação é intensa e você precisa se esforçar para conseguir um lugar próximo ao palco.

Durante o evento, celebridades sobem ao palco para falar sobre suas novas séries e responder perguntas dos fãs. Você fica ansioso para poder conversar com Maisa nos bastidores e, quando finalmente tem a oportunidade, fica impressionado com a sua simpatia. Ela é atenciosa e educada e parece feliz em poder conversar com os fãs.

Você aproveita a oportunidade para fazer sua pergunta, e Maisa responde com entusiasmo.

Sua prima aqui entende bem o que você passa quando sente que os outros não te levam a sério por causa da sua idade. É uma situação chata e que pode ser bem difícil de enfrentar, mas eu estou aqui para te dizer que é possível superar isso e mostrar para todo mundo do que você é capaz. De verdade, acreditar mais em si mesmo é fundamental.

Sabe aquela sensação de ter um escudo que te protege das críticas, te fazendo seguir em frente, perseguindo seus sonhos? Então, tenho certeza de que você também vai sentir isso! Sério, você pode tudo o que quiser e, com essa atitude, vai surpreender muita gente!

"Na hora que comecei a dar minhas opiniões nas redes e viram que eu não falava só coisas nonsense ou lia o que me mandavam, perceberam que eu tinha pensamento crítico. Devia ter uns 13 anos quando comecei a postar sobre menstruação, empoderamento e todas as descobertas que eu estava fazendo."

Eu sei que, quando somos julgados por causa da pouca idade, pode ser difícil se expressar e se posicionar, mas acredite em mim, é importante que você mostre ao mundo quem você é e no que acredita. Não tenha medo de ser autêntico e dizer o que pensa, pois é isso que faz de você único e especial. Não permita que ninguém te convença do contrário, sua opinião importa e você pode, sim, fazer a diferença. Então, vá em frente e posicione-se!

Mesmo que tentem te tirar do sério, você precisa manter a calma e não se deixar abalar por comentários negativos. Aos poucos, as pessoas vão acabar percebendo que só você é capaz de definir o caminho que vai trilhar e as conquistas que poderá realizar. Use isso como motivação para mostrar ao mundo que sua idade é apenas um número e que você tem muito a oferecer.

É importante lembrar que muitas vezes amplificamos os julgamentos e a negatividade alheia, em especial quando supervalorizamos o que as outras pessoas dizem sobre nossas vidas nas redes sociais. Por favor! Não deixe que essas opiniões te afetem ou influenciem suas escolhas.

"Eu vivo minha vida pessoal, não sinto a necessidade de compartilhar tudo e acho que esse é um dos meus segredos para me estruturar emocionalmente e ter minha saúde mental em dia, na medida do possível."

Quando se trata de perseguir seus sonhos, não há atalhos. É preciso se dedicar e se empenhar todos os dias para aprimorar suas habilidades e seus conhecimentos em sua área de interesse. No entanto, é importante não se cobrar demais e não se deixar abalar por comentários negativos. Lembre-se de que a jornada é longa e cheia de desafios, mas com determinação e paciência você pode alcançar seus objetivos. E mais uma vez, sua idade não define se você é ou não capaz de conquistar seus sonhos. Foque o que você quer e siga em frente, sempre aprendendo e crescendo.

Outro passo fundamental é cercar-se de pessoas que acreditam em você e o incentivam a crescer e a ter sucesso. Encontre pessoas legais, que mandem muito bem em alguma área de seu interesse, que o inspirem a alcançar seus objetivos e, mais uma vez: não se deixe desencorajar por pessoas que não levam você a sério por causa de sua idade.

"Quando uma menina de 15 anos não aceita qualquer brincadeira ou comentário e se posiciona, causa espanto."

Quando uma jovem se posiciona, mostrando que não aceita qualquer tipo de brincadeira ou comentário inadequado, é muito comum causar espanto. Isso acontece porque ainda há uma cultura que tenta diminuir e silenciar as vozes femininas, principalmente as jovens. Mas eu te encorajo a não se deixar abater por isso. Se abrir e mostrar que você merece respeito é uma atitude poderosa. Acredite em você e em suas convicções e não permita que ninguém te subestime. Você é capaz e tem o direito de ser ouvido e respeitado.

"Tudo bem a gente mudar por nós mesmas, mas fazer isso por pressão dos outros é um crime contra o nosso respeito e o nosso amor-próprio."

É comum sentir-se pressionado a mudar algo em si mesmo para agradar os outros ou para se encaixar em um padrão que a sociedade impõe, mas é importante lembrar que a mudança deve partir de você mesmo e deve ser feita por você mesmo, não pelos outros. Além disso, é fundamental viver cada fase da vida sem pressa, respeitando seu tempo e suas escolhas, passando de fase apenas quando se sentir pronto para isso. Você não precisa provar nada para ninguém, sua existência já é valiosa por si só.

Mudar por pressão pode afetar a sua autoestima e a sua identidade, e isso é algo muito grave. Cada um de nós é único e temos nossas próprias características, personalidades e gostos. Para sermos felizes e vivermos bem, é importante nos aceitarmos e nos amarmos do jeito que somos.

"A aceitação não é algo fácil, mas aos pouquinhos ela acontece e te liberta. Ame a si mesmo!"

MANO BROWN

Nascido em 22 de abril de 1970, na cidade de São Paulo, Mano Brown é um verdadeiro ícone da música brasileira, cuja biografia é um testemunho vivo da força transformadora da arte. Desde jovem, encontrou nas rimas e nas batidas do rap uma maneira poderosa de expressar suas vivências, desafios e ideais. Sua carreira ganhou destaque nos anos 1990, quando fundou o lendário grupo Racionais MC's, que se tornou referência no cenário do rap nacional.

A obra de Mano Brown vai muito além do entretenimento, carregando consigo uma mensagem contundente e urgente sobre as injustiças sociais e as realidades das comunidades marginalizadas. Suas letras profundas e carregadas de crítica social tornaram-se verdadeiros hinos de resistência e reflexão. Por meio de sua poesia afiada, ele aborda temas como desigualdade, violência, racismo e política, proporcionando uma voz para aqueles que são frequentemente silenciados.

A importância de Mano Brown transcende o universo musical, uma vez que sua arte atua como um poderoso instrumento de conscientização e mobilização social. Seus versos incisivos estimulam a reflexão e convidam à ação, promovendo uma maior consciência sobre as questões que afetam a sociedade brasileira. Além disso, sua postura autêntica e sua atuação no ativismo político mostram seu compromisso em defender os direitos dos menos favorecidos e buscar uma sociedade mais justa.

Com uma discografia marcante, Mano Brown conquistou admiradores não apenas no Brasil, mas também internacionalmente. Seus álbuns, como *Sobrevivendo no inferno* e *Nada como um dia após o outro dia*, são verdadeiras obras de arte que transcenderam barreiras e se tornaram referências da música brasileira contemporânea. Sua capacidade de unir letras profundas a batidas marcantes e sua habilidade de contar histórias envolventes fazem dele um artista completo e influente.

Uma curiosidade importante sobre a trajetória de Mano Brown é sua atuação como produtor musical. Além de ser reconhecido como um talentoso rapper e letrista, ele também mostrou habilidade na produção de discos, contribuindo para a sonoridade característica dos álbuns do Racionais MC's.

Ao longo de sua carreira, Mano Brown sempre demonstrou coragem ao levantar questões difíceis e ao dar voz aos invisíveis, tornando-se um ícone de resistência e inspiração para uma geração inteira.

....

TIVE UMA BRIGA FEIA COM O MEU MELHOR AMIGO E DESDE ENTÃO NÃO NOS FALAMOS MAIS. E AGORA? O QUE DEVO FAZER?

....

Bem-vindo à cidade de São Paulo, um verdadeiro caldeirão de cultura, energia e diversidade! Ao adentrar na metrópole, suas vistas se deparam com um horizonte repleto de arranha-céus majestosos, harmonizando com construções históricas que contam as memórias da cidade. A arquitetura mescla estilos, dos imponentes edifícios modernos às charmosas casas antigas que resistem ao tempo.

Enquanto percorre a cidade de carro, você decide explorar a zona sul, um território pulsante de contrastes e bairros icônicos, e é no Capão Redondo que algo especial acontece. Enquanto seus olhos observam o cotidiano da comunidade, você avista uma figura conhecida caminhando pelas ruas com confiança: é o lendário Mano Brown, dono de uma voz poderosa e mensagens necessárias.

Intrigado, você se aproxima da área aberta da comunidade, onde jovens habilidosos deslizam de skate e a bola rola em um campo improvisado. Corajosamente, cumprimenta Mano Brown, que retribui seu gesto com gentileza. Inicia-se então uma conversa significativa, permeada por ideias que transcendem a música e alcançam a alma humana.

E aí, meu parceiro? Sei que tá numa parada complicada, mas deixa eu te dizer um lance importante: a vida é curta demais pra ficar de treta com quem a gente considera irmão. Sabe, as brigas acontecem, fazem parte dessa caminhada louca que chamamos de vida. Mas não deixa que essa bronca que você teve com teu melhor amigo te consuma, saca? Às vezes, a gente precisa dar uma respirada, baixar a guarda e entender que todo mundo erra.

"Não tinha uma estrutura mínima, nem o mínimo do mínimo. Tínhamos o quê? A minha família, os irmãos, tá ligado? Os amigos, esses fortaleciam. Era o quê? A riqueza maior, e é o que eu quero ter até enquanto eu tiver condições, ter a minha maior riqueza que é os meus amigos, é o que eu tinha."

Vou te dizer, a sinceridade é chave nessa confusão toda. Se você tá sentindo falta daquele camarada, bota o orgulho de lado e chega junto. Fala o que tá no seu peito, sem meias palavras, mas com respeito. Escuta o que ele tem a dizer, deixa ele também se expressar, afinal, amizade é troca, é estar junto nos momentos bons e ruins. Por mais que tenha rolado essa briga feia, a amizade verdadeira tem o poder de superar qualquer guerra.

Mas olhe, antes de mais nada, é importante que você também se entenda. Reflita sobre o que rolou, reconheça os seus erros e tente aprender com eles. O autoconhecimento é uma ferramenta poderosa, brother. Às vezes, a gente só consegue enxergar o valor de uma amizade quando ela tá em perigo. Não deixa isso passar batido, valoriza o que vocês construíram juntos.

E se rolar uma reconciliação, é importante que ambos estejam dispostos a perdoar e seguir em frente. Rancor e ressentimento só pesam e te impedem de viver momentos incríveis com quem realmente importa. A vida é curta, mano, e a gente precisa aproveitar cada segundo junto daqueles que amamos.

"Amor é lealdade, compromisso, seriedade, responsabilidade com o seu irmão, com sua mulher, com seu filho, pá."

Então, meu conselho é: corre atrás desse melhor amigo, mostra que você tá disposto a resolver as paradas, mas também se valoriza. A amizade verdadeira é uma joia rara, e é melhor ter um amigo de verdade ao lado do que se perder em mágoas e solidão.

Não vou dizer que é fácil, porque não é, mas se você sente que essa amizade é importante pra você, vale a pena se esforçar. Porque, no fim das contas, o que importa é o amor e a conexão que a gente constrói nesta vida.

Então vai lá, meu mano, coloca em prática essa sabedoria, busca a reconciliação e fortalece os laços que você tanto preza. A vida é feita de altos e baixos, mas quando a gente tem um parceiro de verdade do lado a caminhada fica mais leve.

"A amizade é um caminho que desaparece se não pisado constantemente." (Provérbio Africano)

MALCOLM X

Nas profundezas das contradições e injustiças sociais e raciais da América do século XX, emergiu um ícone de coragem e resiliência. Malcolm X, cujo nome de batismo era Malcolm Little, nasceu em Omaha, Nebraska, no dia 19 de maio de 1925. Sua trajetória desafiou as convenções da sociedade e iluminou uma nova perspectiva sobre a luta pelos direitos civis da comunidade afro-americana. O jovem Malcolm testemunhou a violência racista de perto, quando seu pai foi brutalmente assassinado e sua família enfrentou inúmeras adversidades. Foi nesse turbilhão de desespero que a semente da mudança começou a brotar em seu coração.

A prisão se tornou um divisor de águas na vida de Malcolm X. Encarcerado por assalto em 1946, ele aproveitou esse tempo como uma oportunidade para refletir e se educar. Com uma sede insaciável por conhecimento, Malcolm devorou livros e absorveu o pensamento de líderes como Marcus Garvey e Elijah Muhammad. Foi através dessas leituras que sua consciência racial se incendiou, despertando uma paixão indomável pela causa dos direitos civis dos negros americanos.

Com sua eloquência magnética e postura intrépida, Malcolm X emergiu como o porta-voz da Nação do Islã, uma organização religiosa e política que buscava a libertação e a dignidade dos afro-americanos. Sua mensagem, muitas vezes controversa, rejeitava a ideia de integração racial e defendia a autossuficiência e o empoderamento da comunidade negra. Malcolm X incitava os negros a se libertarem do jugo da opressão e a abraçarem sua própria herança cultural com orgulho e resiliência.

Em sua peregrinação a Meca, em 1964, Malcolm X teve um encontro transformador com a diversidade e a unidade humana. Ele testemunhou muçulmanos de todas as raças e origens unidos pela fé. Essa experiência moldou sua visão e o levou a abandonar suas crenças separatistas anteriores. Malcolm X começou a abraçar a ideia de uma luta conjunta contra todas as formas de opressão, independentemente da raça ou religião.

A vida de Malcolm X foi tragicamente interrompida por um assassinato em 21 de fevereiro de 1965, mas sua mensagem e impacto ressoaram através das décadas. Seu legado é de coragem, justiça e busca incessante pela verdade. Malcolm X inspirou inúmeros ativistas ao redor do mundo, desafiando-os a lutar por igualdade, a questionar a injustiça e a abraçar sua identidade cultural com empoderamento. Sua voz ecoa em cada grito por justiça social, em cada movimento que reivindica a liberdade e em cada busca pela igualdade de direitos.

Uma curiosidade é que o "X" que ele adotou em seu nome refletia sua rejeição ao sobrenome herdado dos escravizadores de sua família. Ao substituir o "Little" pelo "X", afirmou sua independência, simbolizando sua verdadeira identidade e a rejeição da herança opressiva imposta pelos tempos de escravidão. Essa escolha significativa ressaltou sua busca pessoal por liberdade e sua resistência contra a subjugação histórica dos afro-americanos.

O ativista levantou questões desconfortáveis, desafiando o status quo e confrontando o sistema opressivo que perpetuava a desigualdade racial. Ele lutou pela autonomia política e econômica da comunidade negra, defendendo a necessidade de empoderamento e autossuficiência. Sua mensagem despertou consciências e motivou pessoas a se unirem em prol de uma causa maior.

Ao destacar a importância da educação, Malcolm X incentivou o conhecimento como uma arma poderosa na luta pela liberdade. Ele acreditava que a transformação real só seria possível através do conhecimento e da compreensão do passado, bem como do fortalecimento da autoestima e da identidade cultural.

COMO SUPERAR O MEDO DO FUTURO?

Enquanto caminha pelas movimentadas ruas do centro da cidade, uma energia vibrante preenche o ar. Pessoas apressadas, cada uma com sua história e seu destino, passam por você em uma coreografia urbana. Os edifícios majestosos que te rodeiam, parecem testemunhar o passar do tempo e das histórias que se entrelaçam nessa paisagem urbana.

Seus olhos vagam curiosos, ávidos por encontrar algo especial. Em meio à multidão, notas de uma melodia desconhecida escapam de um saxofone solitário na esquina, envolvendo o ambiente com uma doce melancolia. O objetivo é claro: encontrar uma boa leitura, mergulhar nas páginas que te transportam para outros mundos e despertam novas reflexões.

E então, num piscar de olhos, o destino te surpreende. Teus passos te levam a uma pequena e acolhedora livraria, onde as estantes se curvam sob o peso de inúmeras histórias esperando para serem descobertas. A suave melodia do tilintar de sinos anuncia tua entrada, como se a própria livraria te desse as boas-vindas.

E então, ali, no meio desse oásis literário, seu olhar encontra um homem sentado tranquilamente. Uma aura de sabedoria e coragem envolve sua figura. É Malcolm X, o ativista que marcou a história com palavras incisivas e sua busca incessante pela justiça e igualdade.

Sua presença é surpreendente, mas convidativa. E, movido pela admiração e surpresa, você se aproxima e cumprimenta o pensador. O sorriso amável de Malcolm X ilumina seu rosto, enquanto ele responde com serenidade e gentileza, convidando a sentar-se ao seu lado, para uma importante conversa.

O medo do futuro é um adversário implacável, um inimigo astuto que sussurra dúvidas e incertezas em seus ouvidos, buscando minar sua coragem e abalar sua confiança. No entanto, permita-me relembrá-lo de algo crucial: o futuro é um vasto campo de possibilidades, um tabuleiro onde você pode mover suas peças com ousadia e determinação.

Antes de tudo, é preciso compreender que o medo do futuro surge quando cedemos espaço para preocupações imaginárias. A ansiedade é meramente uma sombra que obscurece nossos pensamentos, nos impedindo de vislumbrar a luz que brilha no horizonte. Portanto, meu caro, cultive a habilidade de manter sua mente ancorada no presente, focada no aqui e agora. Descubra a serenidade no momento presente e permita que ele sirva como alicerce para a construção de seu futuro.

"O futuro pertence àqueles que se preparam hoje para ele."

Se você está com medo do que está por vir, não se entregue à paralisia. Em vez disso, use essa inquietação como um incentivo para se preparar, para se fortalecer mental e emocionalmente. Invista em sua educação, aprimore suas habilidades, cultive seus talentos. Esteja disposto a aprender, a se adaptar, a abraçar novas oportunidades. Pois, meu amigo, o futuro é um terreno fértil pronto para ser cultivado pelos que estão dispostos a plantar as sementes do sucesso hoje. Então, levante-se, enfrente seus medos e comece a construir as bases para um futuro próspero. Acredite em si mesmo, no seu potencial e na capacidade de moldar seu próprio destino. O futuro está aí, esperando por você.

Sabe como é, a vida é uma dança complicada, e nem sempre teremos o controle total dos passos do destino. É preciso aceitar que haverá momentos em que teremos que seguir em frente sem saber exatamente o que nos espera ao dobrar a esquina. Mas olhe só, encare isso como uma aventura, uma oportunidade de explorar o desconhecido. Confie em sua capacidade de se adaptar e encontrar soluções criativas diante dos desafios que surgirem no caminho. Você tem dentro de si a força e a habilidade necessárias para lidar com o que vier pela frente. Então, desafie-se e mostre ao mundo do que você é capaz!

"Se você puder chegar através da neve, da tempestade e da chuva, saberá que poderá chegar quando brilhar o sol e tudo estará bem."

Além disso, é essencial desenvolver uma mentalidade resiliente. O medo do futuro pode ser uma ferramenta poderosa se você aprender a transformá-lo em motivação. Enxergue cada desafio como uma oportunidade de crescimento, uma chance de se superar e descobrir a força que reside dentro de você. Encare o futuro como um campo de batalha onde suas habilidades serão testadas e aprimoradas. Lembre-se de que cada obstáculo superado é uma vitória conquistada e uma prova de sua capacidade de enfrentar o desconhecido.

Não subestime o poder de uma comunidade solidária. Cercar-se de pessoas que compartilham seus valores e visão de mundo pode ser uma fonte valiosa de apoio e encorajamento. Busque mentores, amigos e aliados que o inspirem e incentivem seu crescimento pessoal. Juntos, vocês serão uma rede de resiliência capaz de enfrentar os desafios que o futuro possa trazer.

"Todas as experiências se fundem em nossa personalidade. Tudo o que nos acontece é um ingrediente."

Consegue lembrar que já passou por isso antes? Entenda! Você passou por situações desafiadoras, que acabaram gerando expectativas ruins! O medo estava lá, te atormentando, mas ele não foi capaz de impedir o seu crescimento. Muito pelo contrário. Agora você está mais maduro, mais consciente e, embora duvide disso, está mais equilibrado do que nunca. Use suas experiências passadas como grandes referências do que fazer ou não diante de tudo o que ainda virá pela frente.

Quero que saiba que o medo é apenas uma sombra passageira. Não deixe que ele domine sua mente e restrinja sua capacidade de sonhar e criar. Abra suas asas com confiança e mergulhe no desconhecido com coragem. O futuro é um campo de possibilidades esperando por você para moldá-lo com sua determinação e paixão.

"Não há nada melhor do que as adversidades. Cada derrota, cada mágoa, cada perda contém sua própria semente, sua própria lição de como melhorar seu desempenho na próxima vez."

Malcolm X

SLAVOJ ŽIŽEK

No cenário intelectual dos séculos XX e XXI, um nome se destaca como um raio de luz a atravessar as densas nuvens do pensamento contemporâneo: Slavoj Žižek. Com sua mente afiada, sua retórica incisiva e seu senso de humor irreverente, ele emergiu como uma das vozes mais influentes da filosofia contemporânea. Sua trajetória singular e suas ideias provocadoras têm ressonância não apenas nos círculos acadêmicos, mas também na cultura popular, onde ele se tornou uma figura icônica.

Nascido em Liubliana, Eslovênia, em 1949, Žižek trilhou um caminho peculiar em sua carreira acadêmica. Inicialmente, estudou filosofia e sociologia na Universidade de Liubliana, onde desenvolveu uma profunda compreensão dos pensadores clássicos, como Hegel e Marx. Sua busca pelo conhecimento o levou a ampliar seus horizontes e conquistar um doutorado em filosofia na Universidade de Paris, sob a tutela de Jacques-Alain Miller. Foi nessa época que começou a desenvolver seu estilo único de análise, que transcende os limites das disciplinas tradicionais e desafia as convenções estabelecidas.

Uma das características distintivas de Žižek é sua capacidade de entrelaçar teoria filosófica, análise cultural e crítica social em uma única narrativa coesa. Suas obras abrangem uma ampla gama de tópicos, desde a psicanálise de Lacan até a política contemporânea, passando pela cultura popular e a ideologia do capitalismo. Obras como

O sublime objeto da ideologia e *Bem-vindo ao deserto do real* destacam-se como manifestações brilhantes de seu pensamento agudo e perspicaz. O filósofo revela as contradições e os paradoxos que permeiam nossa sociedade, desafiando nossas noções preconcebidas e desvendando as complexidades subjacentes.

Sua abordagem filosófica é enérgica, provocativa e, muitas vezes, controversa. Žižek não teme confrontar as estruturas de poder, questionar os dogmas estabelecidos e desafiar os discursos dominantes. Seus ensaios e palestras são marcados pelo estilo eloquente, repleto de referências culturais e exemplos vívidos, que cativam e desafiam os leitores. Com um domínio excepcional da retórica, ele é capaz de criar uma sinfonia de ideias, misturando humor mordaz, análise crítica e uma visão utópica.

As contribuições de Žižek para a filosofia vão além de suas obras escritas. Sua presença magnética e suas aparições na mídia, como documentários e entrevistas, cativam uma audiência diversificada e transcendem as barreiras do mundo acadêmico. Seu carisma e sua capacidade de articular questões complexas de forma acessível o tornam um filósofo de destaque em nosso tempo.

O filósofo tem enriquecido o campo da teoria crítica com livros instigantes. Em *A visão em paralaxe,* ele mergulha nas complexidades da cultura contemporânea, oferecendo uma nova perspectiva sobre a realidade e suas ilusões. Em *Bem-vindo ao deserto do real*, Žižek desafia as noções tradicionais de política e ideologia, revelando os impasses da sociedade atual. Já em *Primeiro como tragédia, depois como farsa*, ele nos convida a refletir sobre os eventos históricos e políticos, comparando-os com momentos passados. Por fim, em *Vivendo no fim dos tempos*, o autor analisa as crises globais e a sensação de desespero que permeiam nossa era.

Uma curiosidade importante e relevante sobre Slavoj Žižek é o seu estilo de apresentação pública. Conhecido por suas palestras carismáticas e teatrais, ele possui uma abordagem única de comunicar suas ideias, que vai além do discurso acadêmico tradicional.

Durante suas palestras, ele é frequentemente visto usando roupas desleixadas, com cabelos desgrenhados e fumando incessantemente. Essa aparência pouco convencional e seu comportamento excêntrico contribuem para seu carisma e tornam suas apresentações uma experiência memorável. Embora essa abordagem possa ser surpreendente para alguns, ela reflete o espírito desafiador e provocador de Žižek, que busca romper as barreiras da formalidade acadêmica e se envolver de maneira cativante com seu público. Sua singularidade como figura pública contribui para sua popularidade e para o alcance de suas ideias além do mundo acadêmico.

Mas o seu verdadeiro impacto vai além do seu carisma e presença midiática. Sua importância reside no fato de que ele desafia as noções convencionais de filosofia e oferece uma abordagem renovada para o pensamento crítico. Seu objetivo é despertar a consciência do público, convidando-nos a questionar as estruturas opressivas que moldam nossa sociedade.

Žižek aborda temas como a ideologia, o multiculturalismo, o capitalismo e a luta de classes com uma sagacidade incomparável. Ele nos lembra de que a filosofia não deve ser confinada a espaços acadêmicos, mas deve estar enraizada nas questões mais urgentes que enfrentamos como sociedade. Sua escrita ousada e suas análises afiadas nos confrontam com a necessidade de repensar nossas crenças arraigadas e reavaliar nossas ações.

COMO POSSO VENCER A TIMIDEZ?

Enquanto você caminha pelos corredores movimentados do shopping, observa a agitação ao seu redor. Pessoas apressadas, sacolas nas mãos, conversas animadas ecoando pelos corredores. O burburinho da multidão envolve você, enquanto passa pelas vitrines coloridas e chamativas. Seu objetivo é encontrar um fliperama, um lugar onde possa mergulhar em aventuras eletrônicas e deixar a realidade por um tempo. A cada passo, sua empolgação cresce, alimentada pela promessa de escapismo e diversão.

De repente, uma figura inusitada captura sua atenção. Entre a multidão, você avista Slavoj Žižek, o renomado filósofo, imerso na mesma busca por entretenimento. Ele parece enérgico, divertido e um tanto agitado, como se estivesse ansioso para se aventurar em um mundo virtual. Curioso e intrigado, você decide se aproximar. Com um cumprimento tímido, você o saúda. Para sua surpresa, Žižek responde com cortesia, sorrindo de forma acolhedora. Sua presença exala uma aura de intelectualidade, mas também de uma jovialidade cativante.

Reconheço que a timidez pode ser um desafio significativo, mas também é um ponto de partida para uma jornada de autodescoberta e crescimento pessoal. Penso que é crucial lembrar que a timidez não é um defeito a ser corrigido, mas sim um traço de personalidade que pode ser abraçado e compreendido. Em vez de considerá-la uma fraqueza, encare-a como uma característica que traz profundidade e sensibilidade à sua experiência de vida.

A filosofia nos ensina que a verdadeira coragem reside em enfrentar nossos medos e desafios internos. Em vez de evitá-los, abrace-os com curiosidade e coragem. Explore as raízes profundas de sua timidez, compreenda suas origens e os padrões de pensamento que a alimentam. Ao olhar de frente para suas inseguranças, você ganha o poder de transformá-las.

"Estamos presos em uma competição doentia, uma rede absurda de comparações com os demais. Não prestamos atenção suficiente no que nos faz sentir bem porque estamos obcecados medindo se temos mais ou menos prazer do que o restante."

A timidez, meu caro, muitas vezes se origina na inquietude gerada pela excessiva preocupação com o olhar do Outro, na incessante comparação que nos é imposta. Imersos em uma cultura que nos empurra para uma competição doentia, somos incitados a nos medir constantemente em relação aos demais, seja na esfera do êxito, da aparência ou da realização pessoal. Essa lógica perversa, que impõe padrões externos de aceitação e sucesso, gera uma pressão constante para se enquadrar, para se submeter à norma estabelecida pela sociedade.

Contudo, quando nos deixamos levar por uma obsessão desmedida por essas comparações, negligenciamos nossas próprias necessidades e prazeres, afastando-nos de uma existência autêntica e com significado. Ao nos concentrarmos exclusivamente em mensurar se desfrutamos de mais ou menos prazer em relação aos demais, perdemos de vista aquilo que verdadeiramente nos proporciona bem-estar e realização.

Aqui está a chave para superar a timidez: desvincular-se dessa "rede absurda de comparações". Ao reconhecer que a verdadeira medida do seu valor não está nas conquistas externas ou na aprovação dos outros, você pode começar a cultivar uma relação mais saudável consigo mesmo. Ao se libertar da necessidade de se comparar constantemente com os demais, você abre espaço para se concentrar em suas próprias experiências e necessidades.

Ao se permitir prestar atenção no que realmente lhe traz satisfação e alegria, você se torna mais consciente de si mesmo e de suas próprias preferências. Isso pode ajudar a construir uma base sólida para o seu senso de identidade, independentemente das expectativas externas. Você pode começar a se valorizar por suas próprias qualidades e conquistas, em vez de depender da aprovação dos outros.

Essa mudança de perspectiva é libertadora e pode contribuir para vencer a timidez. Quando você se torna mais consciente de si mesmo e de suas próprias necessidades, é mais fácil agir de acordo com sua autenticidade, em vez de se esconder por trás da timidez. Ao se concentrar no que lhe traz satisfação pessoal, você ganha confiança e uma sensação de propósito, o que ajuda a enfrentar os desafios sociais com mais segurança.

Além disso, é importante lembrar que todos nós somos seres sociais e que a conexão humana é essencial para nossa existência.

A timidez pode ser um obstáculo para o pleno desenvolvimento de relacionamentos significativos, mas também pode ser uma oportunidade para cultivar uma empatia profunda e um senso aguçado de observação. Use sua timidez como uma lente através da qual você enxerga o mundo, capturando detalhes sutis e nuances que muitos outros podem perder.

"Após o fracasso, é possível seguir adiante e fracassar melhor; em vez disso, a indiferença nos afunda cada vez mais no pântano da estupidez."

Muitas vezes, a timidez é alimentada pelo medo do fracasso e do julgamento dos outros. Evitamos nos expor, interagir socialmente e arriscar porque temos medo de cometer erros ou de não corresponder às expectativas. No entanto, o pensamento de que "após o fracasso, é possível seguir adiante e fracassar melhor" nos lembra de que o fracasso faz parte do processo de aprendizado e crescimento.

Ao abraçar a possibilidade do fracasso e encará-lo como uma oportunidade de aprendizado, desafiamos a ideia de que o fracasso é uma derrota final. Em vez disso, vemos o fracasso como uma chance de melhorar e de nos tornar mais resilientes. Essa mentalidade nos permite assumir riscos, experimentar novas abordagens e nos libertar do medo paralisante da timidez.

A indiferença nos leva à estagnação, nos afunda em uma mentalidade de conformismo e nos impede de enfrentar nossos medos e desafios. Se nos tornamos indiferentes em relação à nossa timidez, simplesmente aceitando-a como parte de quem somos sem fazer esforços para superá-la, ficamos presos no ciclo de inação.

"A filosofia não encontra soluções, mas levanta questões. Sua principal tarefa é corrigir as perguntas."

Veja bem, a filosofia não está aqui para fornecer soluções prontas, mas sim para levantar questões. E é nesse processo de questionamento que reside o poder de superar desafios.

Reconheça que a timidez surge quando você se encontra preso em padrões de pensamento limitantes, questionando constantemente sua própria capacidade de interagir com os outros. Desafie essas perguntas equivocadas, reavalie suas crenças e mergulhe nas águas turbulentas da autoanálise.

Que tal substituir a pergunta "como posso vencer a timidez?" por outra, como "o que a timidez quer me ensinar"?

POSFÁCIO

Permita-me abrir meu coração e compartilhar o meu profundo amor pela filosofia. Desde os meus primeiros passos nesse vasto campo do conhecimento, fui cativado pela sua capacidade de nos lançar em uma procura inquietante por respostas e significados. Mas, acima de tudo, a filosofia tem sido uma aliada inestimável na jornada de enfrentamento e compreensão do meu transtorno de ansiedade.

Ela me mostrou que não estou sozinho em minha angústia, que as inquietações e incertezas que assolam minha mente são universais. Nas palavras dos grandes filósofos: encontrei eco para meus questionamentos mais profundos e solidez para minha busca por sentido.

Ao mergulhar na filosofia, aprendi a abraçar a vulnerabilidade de enfrentar as questões mais sensíveis. Aprendi a desafiar minhas crenças arraigadas, a questionar as verdades estabelecidas e a encarar meus medos. Nesse processo, descobri que questionar é um ato de coragem, uma força que nos impulsiona além dos limites impostos pelo medo e pela ansiedade.

Ao longo das páginas de *Penso, logo insisto*, embarcamos juntos em uma jornada de reflexão e autoconhecimento. Mergulhamos nos dilemas que invariavelmente encontramos ao longo da vida e descobrimos como a filosofia é fundamental nesses momentos cruciais.

Acredito firmemente que o ato de filosofar não está limitado aos conteúdos presentes no ensino formal, muitas vezes tratado como distante e inacessível. Afinal, é uma capacidade que todos nós temos e que se manifesta quando tentamos compreender aquilo que nos intriga. Por isso não hesitei em convidar figuras públicas, artistas e outros personagens que fazem parte da nossa realidade cotidiana para nos aconselhar ante os dilemas da vida, tornando-os porta-vozes das indagações mais profundas que assolam nossas mentes e nossos corações.

Saiba que cada palavra escrita nestas páginas foi cuidadosamente selecionada com o objetivo de provocar, instigar e fazer você refletir. Meu desejo mais profundo é que este livro tenha sido capaz de despertar algo em você, de acender a chama do questionamento. Espero que você tenha sentido a intensidade de cada dilema, a urgência de cada drama e a beleza que reside nas contradições da vida.

Ao desconstruir a noção de que a filosofia é um domínio exclusivo dos círculos acadêmicos, procurei mostrar que ela é acessível a todos – seja nas conversas diante do espelho, nas letras das músicas, nos diálogos entre amigos ou nas reflexões solitárias sob o luar. Convido você a abraçar a filosofia como uma companheira fiel, uma espécie de voz que nos acalma e nos ajuda a encontrar sentido em meio ao caos para enfrentar com coragem os desafios da vida.

Espero de verdade que esta obra tenha despertado em você a busca incessante pela sabedoria e pela autenticidade. Que tenha mexido com suas emoções, despertado seu espírito crítico e desafiado suas convicções mais arraigadas. Que você tenha sido confrontado por perguntas incômodas e provocadoras, mas que tenha encontrado, também, respostas valiosas e inesperadas ao longo do caminho.

Agora, chegamos ao clímax desta jornada, reconheço que essa experiência pode ter sido perturbadora em certos momentos, no entanto é na inquietude e nas angústias que encontramos o terreno fértil para o crescimento pessoal e a transformação.

Ao fechar este livro, espero que sua mente esteja mais aberta e sedenta por mais. Que a sede de conhecimento, de contemplação e de autodescoberta se torne insaciável. Que você se permita percorrer outros caminhos filosóficos, mergulhar em outras perspectivas e continuar a desafiar as próprias convicções.

Que a filosofia seja, a partir de agora, uma constante em sua vida. Um farol que ilumina os recantos mais obscuros da existência e que norteia seus passos com sabedoria e serenidade.

Embarque nesta jornada sem medo. Deixe que as palavras sussurradas por grandes personalidades ecoem em sua mente e inspirem suas ações. E lembre-se sempre: pensar é insistir na busca incansável por uma vida mais plena, mais verdadeira.

Parabéns por sua ousadia em embarcar nesta aventura filosófica. Com gratidão,

MARCIO KRAUSS

Editora Planeta Brasil | 20 ANOS

Acreditamos nos livros

Este livro foi composto em Arno Pro
e impresso pela Santa Marta para a
Editora Planeta do Brasil em julho de 2023.